快樂來自八正道

德寶法師

Bhante Henepola Gunaratana

賴隆彥 譯

Eight Mindful Steps to Happiness

出版者致謝

出版者由衷感謝「赫雪家族基金會」（Hershey Family Foundation）慷慨贊助本書出版。

作者致謝辭

本書若沒有摯友道格拉斯．杜爾罕（Douglas Durham）的倡議，將無從面世，他轉寫我的談話並理出本書的初稿。我對他於此計畫的辛勤付出，表達感謝。

我也要感謝我的學生善法沙彌尼（Samaneri Sudhamma）的佐助，她幫助我修訂此書，以呈顯其中的善法。

我也必須對編輯布蘭達．羅森（Brenda Rosen）與約翰．雷洛（John LeRoy），以及索引編者卡蘿．洛兒（Carol Roehr），表達我深切的謝意。

最後，我要感謝所有住在「修行協會」（Bhavana Society）的學生，他們在我撰寫此書時，容忍我長期缺席。當這本小書到達數千名追求安樂者的手中時，願你們同享此福德。

目次

出版者致謝 004

作者致謝辭 005

巴利佛典略語表 010

【序一】做自己快樂的主人，走向微笑的佛陀 釋自肅 012

【序二】踐行八正道，快樂跟著來 釋見澈 016

【序三】樂活之道 賴隆彥 020

導論

滅苦之道——八正道 032

佛陀的發現 034

修行的資糧 045

開始修習正念 051

第1步

正見 060

了解因果 062

了解四聖諦 065

正見隨念 090

正見隨念要點 093

第2步
正思惟 094
放捨 095
慈愛 103
悲憫 113
正思惟隨念 121
正思惟隨念要點 128

第3步
正語 130
說實話 132
言詞不是武器 134
柔和地說話 136
避免閒談 140
正語隨念 143
正語隨念要點 149

第4步
正業 150
五戒 150
道德行爲 152

在家人的更高戒律 166
正業隨念 170
正業隨念要點 175

第5步
正命 176
評估正命三問 177
尋找正命 184
正命隨念 190
正命隨念要點 192

第6步
正精進 194
十結 196
五蓋 205
四正勤 209
記得宏觀 235
正精進隨念 237
正精進隨念要點 241

第7步
正念 242
四念處 246

身隨念 249
受隨念 258
心隨念 266
法隨念 267
正念隨念要點 271

第8步
正定 274
善定 275
禪定階位 279
正定隨念 288
正定隨念要點 295

結語
佛陀的承諾 298
覺悟 301
「來，看！」 304
進階閱讀建議 308

巴利佛典略語表

在英文作品中，巴利藏經引文的典型作法，是參照它們出現在牛津「巴利聖典協會」（Pali Text Society，簡稱 PTS）所出版的巴利文版的頁碼（在各種英文譯作中，你不難發現這些引文所使用的參照頁碼，穿插出現在各處譯文中）。爲了方便讀者，本書盡量採用更簡明的引用形式，並在左頁列出這些慣常使用的巴利佛典略語，供讀者對照參考。然而，由於各經的組成方式不同，因此不可能一體適用巴利藏經中的所有典籍。

〔巴利佛典略語表〕

A	Aṅguttara Nikāya，《增支部》，參見牛津「巴利聖典協會」(PTS, Oxford) 所出版。例如：A I (Threes). VII. 65是指第1冊，3集，第7章，第65篇。
D	Dīgha Nikāya，《長部》，參見波士頓「智慧出版社」(Wisdom Publications, Boston) 所出版。例如：D 22是指第22經。
Dh	Dhammapada，《法句經》，包括PTS在內有許多譯本。例如：Dh 5是指第5頌。
DhA	Dhammapada Aṭṭhakathā，《法句經註》，參見PTS所出版之Buddhist Legends (《佛教傳說》)。例如：DhA 124是指註釋書的第124部分，它分析《法句經》第124頌。
J	Jātaka，《本生經》，參見PTS所出版。例如：J 26是指第26篇故事。
M	Majjhima Nikāya，《中部》，參見波士頓「智慧出版社」所出版。例如：M 80是指第80經。
MA	Majjhima Nikāya Aṭṭhakathā，《中部註》，無英譯本。例如：MA i 225是指巴利版第1卷，第225頁。
Mhvs	Mahāvaṃsa，《錫蘭大史》，參見PTS所出版。例如：Mhvs V是指第5章。
Miln	Milindapañho，《彌蘭陀王問經》，參見PTS所出版。例如：Miln 335[V]是指PTS巴利文本第335頁；標出第五章是爲了便於找出偈頌。
S	Saṃyutta Nikāya，《相應部》，參見「智慧出版社」所出版。例如：S I.7.1 [2] 是指第1部，第7章，第1節，第2篇故事。
Sn	Sutta Nipāta，《經集》，參見PTS所出版。例如：Sn 657是指第657頌。
Thag	Theragatha，《長老偈》，參見PTS所出版。例如：Thag 303是指第303頌。
Thig	Therigathā，《長老尼偈》，參見PTS所出版。例如：Thig 213是指第213頌。
Ud	Udāna，《自說經》，參見PTS所出版。例如：Ud VI.2是指第6章，第2篇故事。
V	Vinaya，《律部》，參見PTS所出版。例如：V ii 292是指巴利版第2卷，第292頁。
Vsm	Visuddhimagga，《清淨道論》，參見錫蘭．坎迪「佛教出版協會」(Buddhist Publication Society) 所出版。例如：Vsm I[55]是指第1章，第55段。

序一

做自己快樂的主人，走向微笑的佛陀

香光尼眾佛學院教師◎釋自鼐

這是個快速多元發展的時代：有科技物質文明的進步，民主機制複雜的運作，多重交織的人際關係，氾濫的消費文化等。和過去任何時代的前人相較，現代人在精神、心理和物質方面，顯然有更多選擇的權利；然而，選擇機會多，也隱含選擇後要承擔更多不確定後果的責任。對現代人而言，終身學習固然是必要，但學習的重點，不再只是累積知識，更重要是學習爲自己做出適切的選擇：從日常生活用品到靈性指導，讓自己的選擇帶來最大的意義，即自己和他人能得到幸福和快樂。

這似乎是個很空泛的目標，但卻也很平凡。最近，一位朋友分享她的醒悟：「如果我希望別人善待我，但是我只待在我這邊，等著對方先付出，我可能要一直期盼下去，繼續自憐自艾……」停頓一會，她繼續說：「但我最近懂了，我不如直接走向她，到她前面表達我的友善，給她我想從她身上得到的……」她的眼神望著遠方後，篤定地說：「我走向前，不是爲了她，而是對我自己的快樂負起責任。」

《快樂來自八正道》是寶德法師邀請現代人，對自己的快樂負起責任，走向微笑解脫的佛陀；從實踐佛陀的教法中，學習獲得眞正的自由和快樂。於是，一開始作者便不斷地喚醒讀者：要踏上快樂的旅程，需要由向內和自己的心連結開始。這不是一次完成即可，需要在做決定時，常常溫柔地問自己：「這樣做我快樂嗎？對別人也是嗎？」順著自己的內向關懷，邀請你一起走向觀察內心的旅程……。

本書的重點，是根據佛法核心教義「四聖諦」中「道諦」的內容——「八正道」展開作者獨到的詮釋。八正道又稱爲「八支聖道」，即正見、正思惟、正語、正業、正命、正精進、正念和正定。「正」有「完成、在一起、一致」的意涵，而「聖」指的是至少證得初果的聖人。當一位聖者在最初證悟涅槃時，不再有「我見」，是一個斷煩惱聖者的狀態，呈現出內外清淨、不損害自他的行爲，而且八個道支的修持同時圓滿成熟。因此，八正道是指聖者達到滅苦的境界。

八正道是八個修行的方法，以直線方式列出，個別具有各自的特點，但彼此之間是互相關聯，相互支持彼此的修養。作者直接明確提出，這是一個「螺旋狀」的修道歷程。只在一個道支上用功，其他道支也會因此被增強。在本書導論中，作者提到：「戒、定、慧彼此加強與深化，……每一步都深化與加強其他各步。……當作一個整體來修行時，……每個善行與洞見都會推動下一步。」作者特別指出，在每個道中都有正見、正念和正精進。因此，從常識和仔細觀察中，建立自己的正見。在日常生活中時時培養正念，以能增長洞察世間的智慧。更重要的是，在每個時刻持續努力修持正確的精進。

本書的精華，在於作者將八正道從初學到開悟前，所有相關的重點都以禪修實踐的角度解說，不僅告訴你，快樂的內在生活——八正道是什麼而已，更重要是在每個活著的面向中，從環境清潔的維護，人際關係的交往，職業的選擇，到每小時有一分鐘的練習觀呼吸……德寶法師教你實際運用八正道在全面的生活中。此外，他更以深厚的佛教學養和豐富的禪修指導經驗，對於每個道支可能產生的誤解或偏見，都加以精闢地解說辯證。對資深佛教學者而言，德寶法師融合南傳教理的詮釋、貼近現代人的思考方式，令人耳目一新。有關實際禪修的解說，雖然有些部分較簡略，但作者重點而細緻地解說禪修的操作方法，具有相當的參考價值。

對這樣一本高度濃縮精華的書，我建議讀者：將本書當成隨時可請教的老師，隨身陪伴的心靈照顧者。在小憩時隨手翻讀，你將會發現，德寶法師總在告訴你，如何在生活中找到無價的心靈快樂之鑰——正見、正念和正精進。因此，把這本書當成生活指引，案頭良友，即使只翻閱其中幾頁，當下觀照自己，並且實踐，這就是對自己最好的照顧和滋養。

序二

踐行八正道，快樂跟著來

《和佛陀賞花去》繪者◎釋見澈

你快樂嗎？

每個人都曾享受過快樂，但誰又曾免於快樂消失後的失落感？那種想要挽留、停駐的感覺，一再地讓人墜入悵然、惱怒的深淵，生起更多的執取，而無法自拔。德寶法師在本書中指出：「我們脆弱的快樂必須依賴事情以某種特定的方式發生，但還有別的選擇——不依賴任何條件的快樂。佛陀教導我們尋獲這種究竟安樂的方法。」這方法即是踐行八正道，從清淨身、口、意開始，於每個當下保持正念，修習戒、定、慧，就能避開痛苦的糾纏，找到真正的快樂。

踐行八正道所獲得的快樂，是出世間、離染著、解脫煩惱之樂，非世俗所認知的快樂能相比的，這是佛陀給我們離苦得樂的完整指導：

一、正見帶來眞正的快樂

正見是指正確的見解，修習正見使我們了解因果，知道不善行將導致苦果，善行將導致樂果，提醒自己能謹愼抉擇。同時，也使我們了解四聖諦，知道苦、苦的起因、苦的止息與導致苦滅之道。如此，我們就能體認出眞正的快樂，行於中道，而不會落入苦、樂的兩種極端。

二、正思惟帶來放捨、慈愛與悲憫的快樂

修習正思惟，能幫助我們檢視日常生活中幻想、恐懼、妄想等不健康的思惟模式，而能以放捨、慈愛與悲憫等善念，斷除執著、瞋恨與殘酷等惡念，走上安樂之道。

三、正語帶來和諧的快樂

修習正語，能幫助我們斷除妄語、兩舌、惡口與綺語等說話的壞習慣，而說眞實的、向上提升的、和善的、中肯的語言，快樂便會在和諧的關係中生起。

四、正業帶來享受符合道德原則的快樂

正業是指正當的行爲，我們遵守符合道德原則的五戒，就不會去造作殺生、偷盜等惡行，避免憎恨、恐懼等所導致的殘酷與暴力循環，使內心獲得平靜。而這清明將幫助我們斷除破壞性的行為，而能布施與悲憫他人，享受符合道德原則的快樂。

五、正命帶來利益自他的快樂

正命是指從事不會妨礙心靈成長，或造成他人傷害的所有工作，好讓自己能保持平靜與安穩。只要心是平靜與安穩的，我們就可利益自己與他人，在佛陀的安樂之道上禪修與進步。

六、正精進帶來斷惡修善的快樂

勇猛精進地訓練自己，是成功的重要條件。正精進交融在每一個正道中，它是完成八正道必需的動能，其重要性不亞於正念。把正精進運用在防止未生的惡法、斷除已生的惡法、修習未生的善法、維持已生的善法上，便能為我們帶來斷惡修善的快樂。

七、正念帶來「活在當下」的快樂

正念是時時刻刻注意當下，保持覺知。它能導致內觀，讓我們以內在的慧眼，清晰而不扭曲地如實洞見事物，發現一切事物與眾生皆依因緣而存在，並無恆常的實體，沒有什麼可執著或憎惡，我們便能放鬆地進入完全安心與快樂之中。

八、正定帶來洞見實相的快樂

當心是安定、平靜與專注時，阻礙快樂的煩惱障礙就不會生起，但單靠禪定並無法斷除煩惱，只有結合禪定與正念、正知才能斷除它們。當你將心集中於隨意識生起的任何事物時，正定幫助我們突破這些對象的表象，清楚認知它們的無常、苦與無我。看見這三法印時，我們的貪、瞋、癡煩惱都將永遠消失，達到覺悟的究竟快樂。

如果你正在尋找獲得快樂的方法，閱讀本書你將會找到答案。如果你已尋得快樂，那麼，本書將能提供你另一個視野，來檢視自己是否找到眞正的快樂。如果你尙未開始尋找快樂之道，不妨試試踐行本書中佛陀所提出的八正道，便能走向快樂的康莊大道，避開誤入煩惱叢林的痛苦與危險。

尋找快樂不必遠行，無須等待永恆，只消在日常生活中踐行八正道，即使只是一點點的布施，一絲絲的慈愛，一剎那的悲憫，你都能看到快樂的光芒在心中閃耀。

序三

樂活之道

佛學翻譯與心靈工作者◎賴隆彥

樂活，一語雙關，既是快樂生活，也是LOHAS（Lifestyle of Health and Sustainability）的縮寫音譯，意爲「健康與永續的生活形態」。在現代生活中，它偏向健身與環保的概念，但其實它可以有更深刻的意義。

佛陀是最早的樂活族，也是眞正的樂活代表。世間的快樂在佛陀眼中看來也是苦。他認爲苦有三種：苦苦、壞苦與行苦。換言之，痛苦是苦，快樂是苦，不苦不樂也是苦；總之，諸受皆苦。這個苦，巴利語爲dukkha，範圍涵蓋一切身心經驗，是潛伏於生命底層深細的失落感——無所不在的不圓滿苦。因爲世間法是無常與無自性的，它時時刻刻都在變化，瞬間即逝，留不住，也不可靠，所以是苦。一般人會直覺以爲佛教是消極與悲觀的，因爲它開口閉口都是苦。殊不知佛教的目標不是苦，而是要滅苦。要達到苦滅，便得了解苦生起的因——渴愛與無明，然後針對苦因去修道，逐步斷除一切煩惱。就像醫生一定得找到病因才有辦法根治疾病一樣，這才是眞正治本的快樂之道。有一位西方作者說得好：「佛教是認眞追求快樂。」（Buddhism is the serious pursuit of happiness.）

因此，我們可以說佛法是教導我們認識苦，了解苦生起的因，知道有苦滅，以及學習滅苦之道。這是四個顚撲不破的眞諦（四諦），也是人生的正確知見（正見）。本書探討的便是這四諦中的道諦——八正道。

慈悲喜捨放光明

本書作者德寶法師，是北美地區地位最高的錫蘭上座部長老，自己就從佛法中找到快樂。他十二歲出家，沙彌時經常逃離寺院，也曾偷東西、抽菸，並且發生過可怕的溺水意外。他在自傳《正念之旅》（*Journey to Mindfulness*）一書中，毫不避諱自己過去的糗事，因爲那是他成長的一部分，也是激勵他精進修行很重要的一部分。憑藉佛法，他一步步走來，現在他活得很快樂，也將快樂帶給別人。

快樂不一定是事事順利，毫無險阻。當你發現生命中出現敵人與困境時，請想想德寶法師這段話：「唯有心中充滿困惑者，才會表現冒犯或傷害我們的行爲。我們稱那樣的人爲『敵人』。但事實上，沒有『敵人』這種人，是煩惱造成我們困擾。」因此，他提醒我們以慈悲的心念，祝福並幫助對我們不友善的人。他自己便用這個方法，化解生命中一次又一次的障礙。當我們心中充滿慈悲時，任何傷害都影響不了我們。如《法句經》云：「我生已安，不慍於怨；眾人有怨，我行無怨。我生已安，不病於病；眾人有病，我行無病。我生已安，不慼於憂；眾人有憂，我行無憂。」用德寶法師的話來說，就是「沒有對抗與壓力，只有輕鬆的流動。」

每次想到他，我腦海中便浮現一幕溫馨慈祥的畫面。有一次，在熙來攘往的倫敦機場中，他悠閒地閉目修慈，讓自己和身邊的人都沐浴在慈心的光輝中。結果竟意外引來一個天眞無邪、金髮碧眼的小女娃，她鬆開媽媽的手，跑過來緊緊抱住他的脖子。任憑母親如何呼喚，她都不肯鬆手。他說：「也許是因爲我的長袍，讓這個小女孩以爲我是聖誕老公公，或某個神話故事裡的人物。」因爲他們總是「毫無條件」且「不分對象」地給人禮物，爲人帶來歡樂。但更深刻的原因，其實是「隨著每一次呼吸發射慈悲的心念，也許這個小女孩感受到了，小孩子在這方面是最敏感的……我們之間確實有一個聯繫——慈心的聯繫。」從此之後，我與德寶法師之間也有了聯繫，我時常想到他與小女孩唐突而奇異的那一幕。每次想到，我都覺得很溫暖、很甜蜜。法師說：「禪修的最高目的，就是開發慈、悲、喜、捨這四無量心。」這種心量，像大海般深廣，像陽光般溫暖，取之不盡，用之不竭。這才是眞正健康與永續的樂活。

森林禪修苦行僧

德寶法師，西方人總是暱稱他 Bhante G，因爲他的全名實在太長又太拗口了。他於一九四七年出生於斯里蘭卡鄉下。也許是因爲農家的草根性，他始終嚮往森林的自然生活。雖然在美國拿到博士學位與教書，並主持華盛頓特區內一座著名的佛寺，生活安逸且地位崇高。但他心中一直有個願望，即找一處森林，建一個修行社區，教導佛法，並讓有心禪修者有個可以安心修行的落腳處。這是他純淨無私的法布施願。雖然遭到基金會某些人與親朋好友們的反對，但他還是堅持「別大驚小怪，只要接著做對的事即是」，這是他所主張的正命方式。他深信經典所說：「護法者恆爲法護。」結果眞的是「山窮水盡疑無路，柳暗花明又一村」。在緊要關頭出現了許多奇妙的因緣，使他得以在西維吉尼亞州的一處偏遠山林，篳路藍縷地創立「修行協會」（Bhavana Society），並日益成長茁壯。

森林的好，佛陀最知道。佛陀在森林中出生，在森林中修道，在菩提樹下覺悟，並且在雙樹林間涅槃。他的一生幾乎都在森林中度過。佛陀建議人們：「往赴森林，或往樹下，或往隱處，盤腿而坐，端正身體，繫念禪境。」森林裡的綠樹紅花、蟲鳴鳥叫、潺潺溪水與草木芬芳，往往令人心曠神怡，豁然開朗。那是自然天成的，沒有任何人爲的造作與污染，最契合覺醒的心境。

曾經與佛陀換衣及分座的大迦葉尊者，是頭陀行的代表人物，也是森林僧的祖師。《中部・大牛角娑羅林經》提到，在一個明朗的月夜下，許多長老聚在牛角娑羅林中討論佛法，舍利弗說：「這個牛角娑羅樹林清新可喜，月光明媚，樹葉茂盛，似乎有妙香在飄送。」然後，他一一詢問在座傑出的長老——阿難、離婆多、阿那律、大迦葉與大目犍連——哪種比丘可以爲這座牛角娑羅樹林增光。大迦葉的回答是：「若有比丘他自己是個林住者，並讚頌林住；他自己是個托缽乞食者，並讚頌托缽乞食；他自己是個穿糞掃衣者，並讚頌穿糞掃衣；他自己是個持三衣者，並讚嘆持三衣；他自己少欲、知足、離群、獨居，並讚嘆這些特質；他自己已經達到戒、定、慧、解脱與解脱知見，並讚嘆這些成就。這種比丘才可以爲這座牛角娑羅樹林增光。」

他在《長老偈》中對於山林的讚頌更是引人入勝：

迦利樹花星羅布，
我於此區心喜悅；
象聲迴響實可愛，
此山岩令我欣喜。

湛藍雲彩之色光，
流泉淙淙清且涼，
赤色甲蟲覆其上：

此山岩令我欣喜。

湛藍雲峰如寶塔，
如有尖頂之高樓，
象聲迴響實可愛，
此山岩令我欣喜。

於我足矣欲修禪，
於我足矣堅且覺，
於我足矣比丘身，
堅定欲求究竟果。

森林禪修的傳統到了近代，在阿姜曼與阿姜查等聖僧的推動下，頗有振興之勢。眼看著泰國土地從百分之七十的森林，演變至今只剩百分之十，阿姜查振臂疾呼，請大家要保護林地，愛惜自然界的珍貴資產。他經常讚嘆森林中的單純生活有益禪修，有時還轉爲歌頌：「森林中有安寧與平靜，我們可以清楚地思惟事物，並生起智慧。因此，我們以這個安寧與平靜，爲我們的良師益友。這樣的環境有助於修行佛法，因此我們以它爲我們的住處；我們以山林與巖穴爲我們的庇護所。」德寶法師便是延續此一森林傳統，自護、護他也護林。搭上樂活族追求永續發展的環保潮流，這無疑是佛教在美國與全球各地興盛繁榮的一股契機。

正念為本一行道

修道——修習八正道的根本是「正念」。德寶法師將自己的一生取名爲「正念之旅」，由此可見他對於正念的重視，那是他這輩子最重要的一件事。其實這也是佛教乃至人生最重要的一件事。在《念處經》中，佛陀稱「念處」爲滅苦的「唯一道路」（ekāyano maggo，一行道，它還有單一無分岔、一人獨行、獨一無二聖者的與唯一目標涅槃等多重意思）。如經云：「諸比丘！爲淨眾生，爲除悲愁，爲滅苦憂，爲得聖道，爲證涅槃，唯一道路，即四念處。」向智尊者（Nyanaponika Thera）則稱它爲「佛法心要」（dhamma-hadaya，法心）。它是學佛的根本。

德寶法師的上一本暢銷書《觀呼吸》（*Mindfulness in Plain English* 中譯本見賴隆彥譯，台北橡樹林文化出版，2003）全都在談論正念。正念簡稱「念」，巴利原文爲 sati，英文譯爲 mindfulness 或 bare attention，中文譯爲「注意」、「單純注意」、「赤裸裸的注意」或「無遮蔽的注意」，即去除一切概念與成見，單純覺察一切現象。如德寶法師所說：「正念教導我們暫時中止一切概念、畫面、價值判斷、心理評論、意見與詮釋。正念的心是準確、敏銳、平衡與不亂的。它就像一面鏡子，毫不扭曲地反映一切前方之物。它的意思是，活在當下。」換言之，正念是改變我們以往習慣性、機械化與偏頗的認知，讓事實自己說話，是一種用心傾聽的態度。

「鏡子」是理解正念很好的譬喻，即如實反映現象。另外，「守門人」也是經典中常用的譬喻，即堅守崗位監視閒雜人等的進出，不讓壞人胡作非爲。正念也像「手電筒」，照到哪裡亮到哪裡，幫你看清事實，讓一切事物無所遁形。德寶法師還將正念比喻爲「雷射刀」，它無堅不摧，任何硬物或腫瘤碰到它都會被切開與消滅，但它得有定力配合，才會有足夠的強度。

正念的另一個巴利語是 a-pamāda，意爲「不放逸」、「不放縱」或「不散亂」，重點放在遮遣或排除。它頗適合「守門人」的譬喻，即不縱放壞人進入心裡來搗亂。換言之，即排除一切世俗扭曲的價值觀或成見，讓心回歸法爾自然的狀態。例如《心經》的「不生、不滅；不垢、不淨；不增、不減」，或「無色，無受、想、行、識，無眼、耳、鼻、舌、身、意，無色、聲、香、味、觸、法……」，這個「不」或「無」，就是要打破以往習慣性的錯誤認知，讓心不受外境刺激或概念思惟的影響。老子云：「爲學日益，爲道日損。損之又損，以至於無爲。無爲而無不爲。」損就是減少或消除，愈修道愈單純，愈單純愈輕鬆，愈輕鬆便愈快樂。顏回的「一簞食，一瓢飲，人不堪其憂，回也不改其樂」，便是得到箇中三昧。德寶法師說：「我們擁有愈多，不快樂的可能性便愈高。」要有「捨」，才有「得」。

念也有「記得」的意思。英文譯爲 remember 或 recollection。如《雜阿含經》云：「若念、隨念、重念、憶念、不忘、不虛，是名正念。」例如我們說念佛，就是記得或憶念佛陀功德的意思。這種念，也稱爲「隨念」（anu-sati）。因此念佛，也稱爲「佛隨念」，是六隨念或十隨念之一。anu有「隨順」或「次第」的意思，即隨順所念對象，亦步亦趨前進。隨念即「隨順繫念」，就好像把鈴鐺繫在牛頸上，注意牠，不讓牠亂跑一樣。隨順佛法而行者，名爲「隨法行」，還有一種人信心特別強，則名爲「隨信行」。隨法行者的修行方式是隨念、隨觀與隨入。隨念與隨觀成熟時，即可自然趨入法流。鼓吹「第四道」的俄國哲人葛吉夫（Gurdjieff）強調「記得自己」，即有正念之意。我們多數人都不記得自己，不記得現在，不記得呼吸，不記得走路，只是渾渾噩噩地活在過去、未來或煩惱中。

記得呼吸（入出息念）與記得走路（經行或行禪），是念身或身隨念，它們是最常被使用也是最有效的兩個修習正念的方式。它們是免費的，我們不用花錢上健身房或購買道具，並且隨時隨地想到就可以用。首先注意氣息在鼻尖的進出或腹部的起伏，從一數到十，再從一數到十，等到氣息穩定平順，就可不再數數，而只專注於一點。坐累了，就起來走路，注意腳的抬起、移動、放下，放慢動作，一再重複，維持剎那相續的覺知。禪修，就是這麼簡單。但愈簡單愈難，念佛也很簡單，可是得到念佛三昧的人卻不多。

身念處之外，還有受、心、法三個念處。它們由粗到細，愈來愈抽象。惠敏法師曾以生物進化的「三重腦理論」來詮釋四念處。首先，呼吸作用與人腦中擔任掌管呼吸等，維持生命功能的兩億年前「爬蟲類型腦」（生命中樞）的腦幹有關。其次，快樂、痛苦等感受，則與一億五千萬年前原始哺乳類演化的大腦舊皮質（情欲與情緒中樞）有關。最後，各種意識心，則與數百萬年以前演化之「新哺乳類型腦」的大腦新皮質（智能中樞）有關。唯有充分開發我們的大腦，鍛鍊我們的心識，我們才有可能斷除五蓋、十結，並證得無常、苦與無我等法。因此，四念處除了是到達涅槃的唯一道路之外，也是很好的頭腦體操哦！

輾轉增上戒、定、慧

我們在正念的基礎下，逐步展開修道的過程。踏上正念之旅前，我們得有一份地圖，才不會迷失方向。正見就是我們的指南，我們得隨時帶著它。正見的內容主要有兩項：因果與四諦。相信因果業報，我們才會斷惡行善。明白苦、苦的起因、苦滅與滅苦之道，我們才能徹底滅苦，得到究竟安樂。

有了正念與正見之後，我們還得有源源不斷的動力——正精進。「已生惡令斷除，未生惡令不生，未生善令生起，已生善令增長」，這又名「四正勤」。這三個步驟貫串整個八正道，如德寶法師所說：「正見、正精進與正念——反覆出現在每一個步驟中，它們是這一條道路的關鍵。」沒有它們的強力運作，八正道將起不了作用。

八正道可依三學加以分類：正見與正思惟屬於慧學，正語、正業與正命屬於戒學，正精進、正念與正定則屬於定學。三學的次第本是由戒生定，由定發慧，但由八正道的排列順序我們可以看出，它是以正見為首，並輔以正思惟。接著才是正語、正業、正命、正精進、正念與正定。因此，德寶法師說：「戒、定、慧彼此加強與深化，八正道上的每一步都深化與加強其他各步。」它們是輾轉增上的，彼此相輔相成。例如在講話前，我們最好先想想：「這是眞實的嗎？這是和善的嗎？這是有益的嗎？這會傷害任何人嗎？這是說話的恰當時間嗎？」這樣我們才能避免妄語、兩舌、綺語與惡口。或在採取任何行動之前，我們最好先想清楚：「我有何意圖？」意圖是決定造業輕重的關鍵。或選擇職業時，我們可以思惟：「這工作是先天有害的嗎？它違反五戒嗎？它使心難以安定嗎？」透過這些思惟，我們便能避免害人、害己。這便是正思惟，它是沒有貪、瞋、癡的，是捨與慈、悲的。

當前七個步驟逐一純熟時，趨入正定便不是難事。若能達到禪定，無論是近分定的輕安，或初禪乃至四禪的喜、樂、等捨，都遠超過世間的任何享樂，那是遍滿身心，深邃而持續的。馬哈希法師（Mahāsi Sayadaw）曾經如此描述禪定的喜悅：「心達到清淨時，先是起雞皮疙瘩或四肢顫動，然後狂喜開始出現；此時產生一種微妙的樂受，它以一種極甜美與微細顫抖的方式遍滿全身。在此狂喜影響下，行者感到全身似乎離地升空，或者似乎坐在空氣的坐墊上，或者似乎上下飄浮。」雖然這已是很高層次的快樂，但仍不究竟，因爲還有微細的習氣尚未斷除，出定之後它還是會變質。因此，德寶法師說：「最高的快樂是證果之樂。在每一個果位，生命的重擔都減輕一些，我們感到更加快樂與自在。最後的聖果——徹底斷除一切煩惱，帶來無間與無上的快樂。佛陀建議我們，學習放下對較低快樂形式的執著，專心致志於最高的快樂形式——覺悟。」

你想快樂嗎？請追隨賢聖的腳步，踏上究竟的樂活之道——八正道。

導論

滅苦之道——八正道

在《觀呼吸》出版後不久，好幾個朋友與學生請我以同樣簡明的風格，撰寫關於佛陀聖道的書籍。這本書就是我的回應。

《觀呼吸》是一本禪修手冊，引導學生如何修習正念禪。但正念只是佛陀教導的一部分，正念可大幅提升我們的生活，但佛陀所提供的不只如此而已。他給了我們離苦得樂的完整指導，它可被歸納爲八個步驟。即使只是稍作努力將這八步帶入生活，也能帶來安樂，而發憤努力則將徹底改變你，爲你帶來極喜與大樂，那絕非天方夜譚。

佛陀的八正道並不難背誦，但它們的意義卻很深奧，需要了解佛法的許多相關主題才能通達。即使那些熟悉八正道者，可能也不明白它在整個教法中的重要性，或它如何契入他們的經驗。如同在《觀呼吸》中所做，我盡量以淺顯易懂的方式呈現它們的意義，以便所有人都能在他們的日常生活中修習八正道。

我建議你們別像閱讀小說或報紙般閱讀本書。此外，閱讀時，不斷地自問：「我快樂嗎？」

並深入探究。佛陀邀請他所教導的人們一起「來，看！」他邀請我們所有人觀察自己、回家，貼近自己的身與心並檢視它們。他告訴我們，別迷失在世間的信念與見解中，要試著找出它的實相。

我們擅長累積資訊、蒐集資料，也許你挑選這本書就是爲了蒐集更多的資訊。若你一直在讀通俗的佛教書籍，停下來問自己，你想從這本書獲得什麼，難道只是想告訴別人你有多麼了解佛教嗎？或希望透過佛法的理性認知得到快樂？知識本身並無法幫助你獲得快樂。

若你是抱著這種態度閱讀，即願意把佛陀的八聖道付諸修行，實際落實他的建議，而非只是理性認知，則佛陀法音的單純奧義將會變得愈來愈清晰。逐漸地，一切事物的究竟眞諦將會對你開顯，你也將逐漸發現，完全了知眞諦所能帶來的持久快樂。

若你在閱讀本書的過程中感到心煩，你應深入探究其中的原因。向內看，問自己此時心裡是怎麼一回事。若書中的內容讓你感到痛苦，問自己爲什麼。有時當別人指出自己的缺點時，我們會感到不舒服。也許你有許多壞習慣與其他障礙，而使自己不太快樂。難道你不想了解它們，並做些改變嗎？

我們經常爲一些微不足道的小事心煩並怪罪他人，例如朋友、祕書、老闆、鄰居、小孩、兄弟姊妹、父母或政府等。或在得不到自己想要的東西，或失去珍愛的事物時，內心感到失望。我們心裡帶有某些「煩惱」，那才是痛苦的來源，它會被事情或想法給觸發，我們因此受苦，但我們卻嘗試藉由改變世界來終止痛苦。從前有這麼一則故事，有個人想要以皮革覆蓋大地，好讓他走起路來比較舒服。事實上，他只要穿上一雙拖鞋就可以了，無須那麼麻煩。同樣地，與其嘗試控制世界讓自己感到快樂，還不如努力地去除自己的煩惱。

但你必須眞的去修行，而不只是閱讀或想想而已。即使禪修，若你不修習完整的解脫道，特別是如培養正見、奮起精進、正念相續等關鍵面向，則效果仍然有限。你們有些人身體雖在蒲團上打坐好幾個小時，但內心卻充滿憤怒、幻想或憂慮。然後你們說：「我無法禪修，我無法專注。」那是你禪修時把世界扛在肩上，不想把它放下來。

我聽說我的一個學生在街上邊走邊看《觀呼吸》，他未正念於當下的情況，結果被車撞了！佛陀邀請你「來，看！」就是請你活在當下。落實修行佛陀的八正道，即使當你在閱讀時，別讓你的痛苦有可趁之機。

即使你讀這本書一百遍，若不落實修行，它對你也毫無幫助。反之，若你認眞修行，坦然觀察自己的痛苦，並持續去做離苦得樂的事，則這本書當然能幫助你。

佛陀的發現

技術突飛猛進，帶來財富，但同時也帶來緊張，穩定的生活與工作面臨快速變化的壓力。

那是二十一世紀嗎？不！是西元前第六世紀。一如今日，那是個戰火頻仍、經濟脫序與既定生活形態大幅崩解的時代。在和我們相似的情況下，佛陀發現了一條安樂之道。他的發現，即一步步修心以達到滿足的方法，不只適用於過去，也同樣適用於現代。

把佛陀的發現付諸修行是急不來的，它可能得花上好幾年的時間。剛開始最重要的是，藉由接納新習慣以改變生活的強烈渴望，並學習以全新的眼光去看世界。

佛陀八聖道的每一步都需要修習正念，直到它成爲日常生活的一部分爲止。正念是如實覺知事物的自我修行方式，以正念爲你的口令，你一步步地走過兩千五百多年前佛陀傳下來的八正道，那是一條溫和且漸進修行的滅苦之道。

誰應該做這種修行呢？所有厭倦痛苦的人。你可能認爲「我的生活還不錯啊！」或「我夠快樂了！」生活中總有滿意或愉悅的時刻。但另一面呢？當事情不順遂時，你閃躲的那部分呢？災難、憂傷、失望、病痛、憂鬱、寂寞、憤怒，以及那種求好心切的挑剔感覺。這些事情也會發生，不是嗎？我們脆弱的快樂必須依賴事情以某種特定的方式發生，但還有別的選擇——不依賴任何條件的快樂。佛陀教導我們尋獲這種究竟安樂的方法。

若你願意去做一切有助於離苦的事——面對當下的阻力與渴愛的根本，你一定會成功。即使你是個偶爾翻閱的讀者，只要願意善用那些對你有意義的話，你也能從這些教法中獲益。若知道什麼事是眞實的，別忽略它。就去做吧！

那聽起來好像很簡單，但其實是最困難的。當你內心承認：「我必須做這個改變才會更快樂」——並非因佛陀如此說，而是因自己的心認出眞諦來——此時你一定要全力以赴做出改變，必須下定決心改掉壞習慣。

但那個努力的代價是快樂——不只是今天，而是永遠。讓我們開始吧！以下我們將檢視快樂是什麼，爲何它那麼難以掌握，以及如何展開佛陀的八正道。

什麼是快樂，什麼不是快樂

渴求快樂自古皆然，但快樂總是躲著我們。快樂的意義是什麼？我們總是尋求欲樂的經驗，像是品嘗美食或觀賞有趣的影片，期待它爲我們帶來快樂。但在歡樂經驗的短暫享受背後，是否有快樂呢？

有些人千方百計地想累積令他們歡愉的經驗，並稱之爲快樂的生活。另外有些人意識到縱欲的限制，轉而尋求物質舒適、家庭生活與安全等更持久的快樂，但這些快樂的來源都有極限。世上有許多人生活在飢餓的痛苦中，連蔽體與棲身的基本需求都不可得，經常活在暴力威脅的陰影下，因此他們認爲增加物質舒適，能帶來持久的快樂，是可以理解的。在美國雖然因財富分配不均使許多人身陷貧窮，但還不至於出現世上許多地方常看得到的挨餓受凍。多數美國公民的生活是寬裕的，因此，其他地方的人們便認爲美國人是世上最快樂的。

但若他們來到美國，看到的事實會是什麼？他們會注意到美國人經常都很忙碌——趕著赴約；用手機交談；採買雜貨與衣服；長時間在辦公室或工廠中工作。所有這些瘋狂的活動是爲什麼？

答案很簡單。美國人雖看似擁有一切，但還是不快樂，他們爲此感到困惑。美國人擁有親密鍾愛的家人、好工作、美好的家、足夠的金錢、多采多姿的生活——但怎麼可能依然不快樂呢？他們認爲不快樂是肇因於缺乏這些東西。財富、社會認同、朋友與親人的關愛，以及聲色犬馬的欲樂，應使人感到快樂，但爲何美國人也和其他地方的人一樣，經常感到愁苦呢？

看來我們認爲應使人快樂的那些事，其實是痛苦的來源。爲什麼？因爲它們不持久。關係結束、投資失敗、失去工作、孩子們長大後離開，從資產與欲樂所累積的幸福感頓時消散。周遭的事物變化無窮，威脅著我們認爲快樂所需的那些事物。

實在很矛盾，我們擁有愈多，不快樂的可能性便愈高。

今日人們的需求漸趨精緻，這是事實，但無論蒐集了多少昂貴與精美的事物，他們總想要更多。現代文明鼓吹這種需求，如每個電視廣告與看板所宣傳，眞正能讓你快樂的東西，是這部閃亮的新車、這部超快的電腦、這次夏威夷的豪華旅行，而它似乎暫時地有效。人們將新擁有的興奮刺激或高興的經驗誤認爲快樂，但很快地就再次心癢了。古銅色的皮膚褪色，新車出現刮痕，於是他們渴望另一次消費刺激。這個無盡追逐消費的心態，使他們看不到眞實快樂的源頭。

快樂的來源

佛陀曾說過幾種快樂，從最短暫的到最深奧的，依序陳述如下。

較低的執取之樂

佛陀將我們多數人稱為快樂的一切事物，都歸類在最低層，稱之為「五欲之樂」，我們也可稱它為「順境之樂」或「執取之樂」。它包括一切衍生自感官放縱、肉體歡愉與物質滿足的短暫世俗之樂：擁有財富、華服、新車與豪宅的快樂；看見美麗的事物，聽到優美的音樂，吃到美味的食物，或對於談話感到愉快等所衍生的樂趣；精於繪畫與演奏鋼琴等技藝的滿足感；以及感受到來自家庭溫暖的快樂。

讓我們進一步檢視這五欲之樂。它的最低形式是全然放縱感官的享樂，縱欲最壞的情況將導致放蕩、墮落與成癮。我們不難了解放縱感官並非快樂，因為這種樂很快便會消失，之後甚至會讓人感到悲慘與懊悔。

佛陀曾解釋，人若心靈成熟，他將了解生命中還有比五根歡愉更重要的事。他曾舉例，照顧嬰兒時以細繩繫住五處，包括兩腕、兩踝與喉嚨。這五股細繩——五欲，能限制嬰兒但控制不了成人，他能輕易地將它扯斷。因此，有智之士斷除放縱五官的想法，使生命充滿意義與快樂。（M 80）

然而，世俗之樂並非只有最低層次的縱欲。還有閱讀、觀賞好影片，以及其他形式休閒娛樂的喜悅。它還包括世間良善的喜悅，例如幫助別人、安頓家庭與扶養小孩，以及正直營生等。

佛陀曾提過幾個較宜人的快樂形式。其中之一是從誠實與辛勞的工作獲取財富，所得到的快樂與安全感。你心安理得地享受財富，不用害怕遭到指控或報復。比這更好的是，除了享受誠實賺得的財富之外，你還樂於與別人分享的滿足感。另一個令人欣慰的快樂形式，來自於人們完全不虧欠任何人。（A II〔Fours〕VII.2）

我們大都視這些事爲美好生活的要素，連最有眼光的人也是如此。但爲何佛陀認爲它們是屬於最低層次的快樂形式呢？因爲它們依賴特定的條件。雖不像縱欲的歡愉那麼短暫，且比較不會破壞長久的快樂，但它們依然不穩固。我們愈相信、追求並想抓住它們，就會愈痛苦。因緣條件無可避免地會改變，我們的努力將造成痛苦的心情起伏，且終將被證明爲無效。無論怎麼做，我們都會心碎。但有更好、更穩固的快樂來源。

較高的快樂來源

其中之一是「出離之樂」，即一種心靈上的快樂，來自於追求超越世俗之樂的事物。典型的例子是，放下俗務，閒居獨處以尋求心靈提升。來自祈禱、宗教儀式與宗教靈修的快樂，也屬於這個範疇。

布施是出離的強力形式，慷慨地與人分享自己所擁有的東西，以及其他許多出離的行動，讓我們感到快樂。每次我們放下，都會有一種欣喜與解脫的感覺。若能完全放下對世上一切事物的執著，則這個大捨將會比偶爾的出離行動，帶給我們更大的快樂，這是理所當然的。

比捨棄物質更高一層的是「放下煩惱之樂」。每當瞋恚、貪欲、執取、嫉妒、驕慢、疑惑或其他煩惱出現時，若心能迅速放下，自然會產生這種快樂。在初萌芽時便掐斷它們，將使心成爲無礙、喜悅、光明與澄澈。但無法保證這些不善法從此便乖乖止息，不會再去騷擾心。

更好的是四禪八定中的微妙喜與樂，在這些定境中不可能生起任何愁苦。雖然這些定境的威力能如此強大與超越，但它們有一個缺點：禪修者終究得出定。諸行無常，即使深細的禪定也有終了的時候。

最高的快樂來源

最高的快樂是「證果之樂」。在每一個果位，生命的重擔都會減輕一些，我們感到更加快樂與自在。最後的聖果——徹底斷除一切煩惱，帶來無間與無上的快樂。佛陀建議我們，學習放下對較低快樂形式的執著，專心致志於最高的快樂形式——覺悟。

但他也鼓勵人們盡量使自己快樂。對於有些還看不透世俗欲樂者，他提出睿智的建議：避開世俗紛爭，追求理想的世俗之樂，例如，培養讓事業成功或家庭和樂的個人特質。對於那些具有更高企圖心，希望轉生天界者，他便針對他們解釋達成那個目標的方法。對於那些有志於正等正覺之最高目標者，他也教導他們如何達成。不過，無論追求哪種快樂，我們都離不開八正道。

不快樂的陷阱

佛陀知道，不停地在世俗愛境中尋找快樂，使我們陷入無盡的因果與愛憎的循環中。每一個身、口、意行都是造成果的因，而這個果又轉變成下一個因。佛陀爲我們指出苦的循環是如何進行：

> 緣受而愛生，緣愛而求生，緣求而利生，緣利而用生，緣用而欲貪生，緣欲而耽著生，緣耽著而慳吝生，緣慳吝而守護生，緣守護而執杖劍、諍論、惡口等，無數惡、不善法生。

（D 15）

我們每個人每天都在經歷這個循環的變化形式。例如你在商店購物，看見一個看起來很美味的餡餅，內紅外白，鮮豔欲滴，那是店裡所剩的最後一個。雖然在前一刻，你的心還是平靜與滿足的，但這個視覺印象──佛陀所說的「根境接觸」，便引生了愉悅的感受與想法。渴愛從這個樂受生起：「嗯……草莓，」你自言自語：「還淋上鮮奶油。」你的心追求並擴大這些愉悅的想法。草莓餡餅多麼美味啊！它聞起來多香啊！鮮奶油滑嫩的感覺多棒啊！接著便是做出享用的決定：「我要嘗一口餡餅。」現在執著生起：「那個餡餅是我的。」也許你注意到心裡閃過一些遲疑的念頭——那可不利於腰圍與荷包。

突然間，你發現旁邊有人也在駐足欣賞這個餡餅。你的餡餅！你因此心生嫉妒，於是趕緊抓起它衝到櫃台結賬，並因而引起其他客人側目。說不定其他客人會跟隨你進入停車場，想要搶走餡餅，試想那會發生何種惡行——你們可能相互叫囂，甚至大打出手。但即使並未正面衝突，你的行爲也已造成另一個人的不滿，並認爲你是個貪心的人，你內心的滿足感也可能因而遭到破壞。

一旦心生渴愛，自私與嫉妒的行爲通常便無法避免。爲了追求任何一種小歡樂——一個草莓餡餅——我們可能冒著樹敵的危險而鹵莽行事。當渴愛的對象是重大事物，例如某人貴重的物品或非法通姦時，代價就更高了，那可能造成嚴重的暴力與無盡的痛苦。

若我們能反轉這個循環，從負面行爲開始，一步步回溯它感情與心理的原因，也許便能從源頭斷除痛苦。只有徹底消除渴愛與執著——完全根絕——快樂才得以確保，如此才功德圓滿。我們可能不知如何完成這樣一件大事，但一旦確認該做的事，我們便已上路了。

漸修

現在你已了解爲何我們說眞正的快樂來自斷除渴愛，即使我們認爲達到最高的快樂不切實際，但仍能從減少渴愛獲益。我們愈放下渴愛，就愈感到快樂。但要如何減少渴愛呢？這想法似乎令人望而卻步，更別說要斷除它了。若你認爲單憑意志力勉強消滅渴愛並不可行，那你是對的，佛陀有更好的作法——漸次修習八正道。

佛陀的漸修之道衝擊你生命中的每個層面，這過程在任何地點與時間展開。無論你在哪裡或前往何處，每一步都是一次新的開始。行爲與知見上每個向善的新改變，都建立在前一個改變的基礎上。

在佛陀的聲聞弟子中，有些人心地調柔，在一次談話中聽聞他的正道指導後便達到安樂。有些人則已做好準備，他們只聽到最高指導——四聖諦，心便達到究竟解脫。但大多數的佛弟子仍得按部就班，依教奉行。有些弟子花了好幾年的時間，才克服見解上的障礙，然後他們才能進一步往前探索。

我們大都必須做很多功課，才能化解長期以來毀滅性與自我挫敗的態度與行爲，必須以更大的耐心與毅力，在佛陀的漸修之道上緩步行進。並非每個人都能在一夕之間徹底覺悟，我們都因爲過去的經驗，以及致力於心靈成長的強度不同，而有所差別。

佛陀是個極善巧的老師，他知道我們在獲取更高教導之前，需要一些基本的清楚了解。他的八聖道由三個相輔相成的階段組成——戒、定與慧。

第一個階段——戒，是接受一套核心的價値，然後再根據它們來生活。佛陀知道合乎道德的身、口、意行是進階修行的前行，但我們當然至少必須具備一些智慧來判斷何者是道德。因此，他以幫助人們開發初階正見（第一步）與正思惟（第二步）來展開教學。這些心理技巧幫助我們分辨道德與不道德的思想與行爲，以及分辨善行與傷害、糾纏我們的行爲。

當我們修習正確心態時，便可開始將逐步提升的知見用在正語（第三步）、正業（第四步）與正命（第五步）上，這些實際的善戒行將使我們的心趨向調柔、無礙、喜悅與淨信。由於惡行的干擾開始消退，定乃得以生起。

定有三個步驟。第一是正精進（第六步），它將心集中在解脫道的其餘各步上，這種精進在禪坐妄念紛飛時尤其需要。其次是正念（第七步），要想擁有正念，必須在每一剎那都有一些善定才行，這樣心才能持續接觸變化的諸境。正定（第八步）允許我們把心無間斷地集中在一個對象或觀念上，因爲它是清淨心，無貪與無瞋，所以能帶給我們深入觀察實相所需的心理強度。

由戒生定，由定發慧——佛陀解脫道的第三階段，這又把我們帶回八正道的最初兩步——正見與正思惟。「啊哈！」我們開始解行合一，了解如何創造自身的痛苦；了解身、口、意行如何傷害了自己與別人；洞見自己的謊言並如實面對生命。智慧是指路的明燈，使我們得以避開痛苦的糾纏。

雖然前述佛陀的八正道是由一連串相續的階段組成，但它的運作其實更像螺旋狀。戒、定、慧彼此加強與深化，八正道上的每一步都深化與加強其他各步。當你開始將它們當作一個整體來修行時，每一步都會展現，每個善行與洞見都會推動下一步。在這條道路上，你的每件事都會改變，尤其是把自己的痛苦歸咎於他人的習氣。在螺旋之道的每一個轉折，你都對自己的身、口、意行更加負責。

例如，你愈把漸增的智慧運用在對戒律的了解上，就愈能洞見道德思想與行爲的價值，進而能徹底改變自己的行爲。同樣地，愈看清楚哪些心理狀態是有益的，以及哪些是應斷除的，你就愈能善巧地精進，因而加深定力，以及增長智慧。

修行的資糧

開始修習佛道時，你自然會想調整生活形式與態度以幫助修行。許多人發現有幾點改變，對解脫道的進展很有幫助，它們有助於你克服往後八正道上將會出現的障礙。別氣餒！其中有些建議很有挑戰性，你可能得花很長的時間才辦得到。

可從誠實地評估自己習慣性的日常活動下手，再看看如何利用時間。養成習慣問自己：「這個工作或行爲眞的需要嗎？或只是瞎忙一場？」若你能減少或取消一些活動，內心將會更加安穩與平靜，那是修行進步不可或缺的。

簡化你的生活

現在你對於家庭或其他依賴你的人可能有許多責任，這很好，但別犧牲安定內心與修觀的機會。幫助別人很重要，但佛陀說得很清楚，照顧自己的修行才是第一要務。

養成每天花些時間閒居獨處的習慣，別總是與人廝混。若時間都被別人占據，你很容易陷入不必要的活動與談話中，那將不利於禪修。無論身在何處，若希望加深自己的了解與智慧，請不時地抽空獨處。

當然，外在並非一直都很安靜。即使在一個安靜與僻靜的地方，我們有時會發現自己被憤怒、嫉妒、恐懼、緊張、焦慮、貪心與困惑所包圍；有時也曾有雖身處喧囂擾攘中，心卻非常平靜與安詳的經驗。

佛陀解釋過這個矛盾，他說若很少執著與渴愛，我們就能在人群中自在獨處，就能放下擁有與占有意識。我們喜愛的人、財產、工作、義務與關係、看法與意見——這些都是我們執取的東西。我們愈減少貪著，就愈接近內心的自在，那是獨處的本質。眞正的獨處是在心中，佛陀說內心不被貪愛與執著束縛的人是「閒居者」；而那些內心充滿貪、瞋、癡者則是「黨居者」

──即使他獨居也是如此。因此，我們修行的最佳輔佐是一顆妥善調伏的心。

有些人可能發現，傳統儀式幫助他們安定內心，並提醒什麼才是眞正重要的事。你和家人可以每天一起課誦，點燃香燭，或對佛像獻花。這些簡單莊嚴的儀軌不會帶來覺悟，但它們可當作修習正念前有用的調心工具。

練習自制

妥善調理的生活也可能是快樂的泉源。仔細檢視你的生活環境，若你的臥室裡髒衣服亂丟，或書桌堆滿書本、紙張、光碟與舊雜誌，或上星期的碗盤還堆在水槽中，你怎麼可能安頓好自己的心呢？修行是從外往內發展的，先整理好房子，然後再往內清除貪、瞋、癡等垢染。

健康的身體也有益修行。瑜伽與其他的健身形式，對心理健康很有幫助。每天至少要有一次長健走，走路不只是一種好運動，它也是閒居獨處時修習正念的好機會。

健康與適宜的飲食也有助於禪修。「早餐吃得好，午餐吃得飽，晚餐吃得少」，將使你隔天早晨精神奕奕。古諺云：「早餐吃得像國王，午餐與朋友共享，晚餐讓給敵人吃。」（但我會再補充一句，不可加害敵人！）垃圾食物、酒精、咖啡與其他刺激性飲料，將使人難以專注。爲了生活而吃，別爲了吃而生活，而讓吃成爲渾渾噩噩的習慣。有些修行者偶爾會進行齋戒，由此能很快覺知大多數我們所以爲的飢餓，其實只是習慣而已。

最後，規定自己要每天禪修，早上一起床與晚上睡覺前的禪坐將幫助你進步。若你發現無法規律地練習，問自己為什麼。也許你懷疑禪修的重要性，或擔心它無法解決自己的問題。小心地檢視自己的疑惑與顧慮，或閱讀佛陀與其他藉由禪修達到究竟安樂者的傳記。記住，你就能改善自己的生活；禪修已被證明對無數人有效。然後嘗試做一點自制，尤其在一開始，維持每天規律的禪修定課。

修善

修善——布施、忍辱、淨信與其他美德——是心靈覺醒的開始。

所有宗教傳統都教導布施，但其實它是心的自然狀態，是一切眾生本具的，即使動物也會分享牠們的食物。布施時，你感到快樂，高興地回想受贈者的歡喜。

此外，修習忍辱。忍辱不代表容許別人虐待你，它的意義是等待時機，在最佳的時間與地點，以最佳的語言與態度有效地表達自己。若你不耐煩地脫口說話，事後可能會悔不當初，並痛苦不已。

忍辱也意味著嘗試盡量去了解別人。誤解、誤會與懷疑，會造成痛苦與不滿。切記別人的問題不會比你少，甚至可能更多。有些很好的人有時會陷入困境，可能不經意地說話或做事。若你不因挑釁而失去耐性，就可以避免煩亂，對別人處境的了解也會加深。

別將自己的痛苦歸咎於別人，或期待別人讓自己快樂。向內看，探究自己不快樂的原因，並找出自足之道。痛苦的人很容易使別人痛苦，但若你被痛苦的人包圍，藉由盡量讓自己保持清明，依然能維持內心安穩，且你的耐心與了解還可能使他們高興起來。

最後，對自己追求安樂的潛力要有信心，這包括對教法、自己、工作、朋友與未來有信心。信心或信任帶來一種樂觀的生活態度，你可以透過檢視自身經驗來提振信心。對於自己的許多能力，你其實已具有信心，除此之外，對於尚未展現的部分也同樣要有信心。

訪師求法

一個好的禪修中心，以及一位眞正願意幫助你的禪師，是重要的助力。你不需要一個要求你百依百順或承諾教你神通的人，要尋找的是懂得比你多，並以身作則，能和你發展出長期關係的人。佛陀的解脫道可能得花上好幾年，甚至好幾世才能參透。明智地選擇你的導師。

佛陀稱完美的老師爲「善知識」。這種人說話柔和、親切且誠懇，尊敬你，且慈愛與悲憫。善知識絕不會要求你做錯誤的事，反之總會鼓勵你做正確的事，並在需要時幫助你。善知識是博學多聞的，總是毫不遲疑地和你分享知識。

小心觀察一位有能力的老師，行爲比言語更重要。每天接觸已遵循佛陀之道至少十年者，將是看出教法是否管用的好辦法。注意那些收費高昂的老師，他們對你的金錢可能比對你的修行進度更有興趣。

如同工匠師訓練學徒，不只針對工藝技巧，也包括運用那些技巧所需的個人特質。同樣地，老師除了指導你修行之外，還要幫助你改變生活形態，以支持修行所需。若你真的在追求快樂，那就把時間花在努力追隨這樣的老師上。

其次，遵循佛陀所訂定的漸修作法。漸修基本上包括學習如何靜下來觀察自己的思想與行爲，然後把它們轉變成更有益於禪修與覺悟的事。那是個緩慢的過程，不用急。許多人中斷禪修的一個原因是，他們並未花時間奠定有效修行的基礎。

最後，找時間閱讀與討論佛陀的教法。書籍是現成可用的，討論團體與課程也是如此，你甚至可上網或透過電子郵件與人談論佛法。閱讀與討論佛法，絕對不是浪費時間。

雖然這些對於進步的要求似乎顯而易見，但卻很少人能安靜地度日，適度地飲食，規律地運動，以及簡單地生活。乃至與合格的老師做一些研究，定期討論佛法，以及每天禪修。在此要強調的是，無論你此時的生活形態爲何，簡樸適中並不表示你不能現在就開始踐行佛道。它只是告訴你，爲了達到究竟安樂，你得細水長流——也許得修上好幾年，甚至好幾世。

開始修習正念

前一節中談到的改變生活形態有個目標：幫助你使正念成爲日常生活的一部分。正念是培養剎那相續覺知的唯一方法，這是對身心所感受諸法眞實本質的覺知，你也許聽過它的名稱爲「觀禪」。那是你在佛陀之道的每個階段，都會發展與使用到的工具。對於修習正念，以下有幾點建議。

坐禪

開始修習坐禪的好時段是清晨，在每天活動之前。有個安靜的處所最理想，但由於世上無噪音的地方很少，因此選個適合專注的場所即可，在那裡擺個舒適的坐墊。

其次，選個打坐的姿勢。最好但也最難的姿勢是全蓮花坐。交叉盤腿，把一隻腳放在另一隻腳的大腿上，足心朝上。把手放在肚臍下緣，手腕彎曲放在大腿上，上身端正。你的脊柱就如一疊銅錢般正直，脊骨連成一串。收下顎。

若無法以全蓮花的姿勢打坐，就嘗試半蓮花坐。把右腳放在左大腿上（或相反），膝蓋置於地板上。然後身體前傾，把坐墊向後拉。若膝蓋碰不到地，就把大腿放在另一隻彎曲的腳上。

你也可以把下面那隻腳放在另一隻腳前，或可以坐在小板凳上，例如禪堂中提供的那些。若這些都很困難，那麼可以坐在椅子上。

選擇好坐姿之後，背脊打直，確定它是垂直的，以便胸部在呼吸時能輕鬆地擴張。你的姿勢應是自然與柔軟的，不可僵硬。

小心調整姿勢，因爲一直到禪修結束前都不能改變，這很重要。它爲何重要？假如因不舒服而改變姿勢，過一陣子後，新姿勢也同樣會變得不舒服。然後你又想換姿勢，很快地它又變得不舒服。因此，你在打坐的全程中一直在變換與移動，從一個姿勢變到另一個姿勢，而無法達到更深層的專注。練習自制，停留在原來的姿勢上。

一開始便決定預計禪修多久，若你從未禪修，那就從大約二十分鐘開始。隨著修行次數增加，便可逐漸延長打坐的時間。時間的長度取決於你有多少時間可用，以及可坐多久不會感到疼痛。

當打坐時，閉上你的眼睛，這有助於你專注。心在禪修前就如一杯混濁的水，若擺正杯子，泥沙會慢慢沉澱，而水也會變清澈。同樣地，若你保持安靜，打直身體並集中注意力在禪修對象上，心將沉澱下來，你將體會到禪修的喜悅。

處理疼痛

假設你已遵照前面的指導，以最舒服的姿勢打坐。不久之後，你會發現舒適感消失了，現在只有疼痛，你因此失去最初坐禪的決心、耐心與熱情。

那可能令人感到沮喪。但休息只會證明一件事，疼痛大都是由於缺少練習的緣故。在不斷地練習之下，它將逐漸消退，你也會發現愈來愈容易忍受它。因此，讓疼痛成爲你痛下決心多做練習的信號。

若疼痛是由於身體缺陷，例如椎間盤突出或舊傷所引起，則你應改變姿勢，也許移到板凳或椅子上。然而，若感覺疼痛是出現在身體正常與健康的部位，我建議你嘗試以下的方式。

處理疼痛最有效但也最困難的方式是看著它，和疼痛同在，融入它。經歷它，而不將它視爲我的疼痛、我的膝蓋、我的脖子。就只是貼近觀看，看它發生什麼事。

起初疼痛可能增加，那會造成恐慌。例如，膝蓋可能開始劇痛到讓你害怕將失去腳——它將壞死，且不得不被鋸掉——那使你憂心如何用一隻腳過活。別擔心，我從未看過有人因禪修而失去腳！當在觀看的疼痛達到最難忍受的高峰時，若能熬得過，例如再忍五分鐘，你將發現這椎心刺骨、威脅生命的疼痛開始消退。疼痛將轉變成中性的感受，你將發現即使苦受也是無常的。

你可用同樣的技巧來處理心理疼痛，也許它是源自於罪惡感或創傷的記憶。別試圖推開疼痛，歡迎它，與它同在，即使有些可怕的場景在心中上演也是如此。別在情節中迷失，持續觀看心理疼痛，最後就如看身體疼痛般，看著它消退。

當臨界點出現而疼痛消失時，你會如釋重負，感受到安詳與放鬆的平靜。當然，身體疼痛或疼痛的記憶可能再次生起，但一旦曾突破過身體或心理的異常疼痛，那個異常疼痛便不可能再以同樣的強度出現。下次你打坐時，在疼痛生起前，也許能坐得久一點。

處理疼痛的第二種策略是，把它拿來和這一生經歷過的疼痛相比。目前這疼痛雖然似乎很難忍受，但它只是曾經歷過疼痛的一小部分，你經歷過遠比這更慘的，且別忘記日夜窮追不捨的潛藏微細苦受。和其他這些痛苦相比，腳上的這點疼痛便不算什麼了。忍受它是値得的，如此你才可能克服生命中更大與更普遍的痛苦。這個疼痛就如刺一般，拔出刺很痛，但你接受那個痛，以避免後面更大的痛苦。同樣地，你能忍受坐禪的疼痛，以避免自己未來陷入更糟的愁苦中。

另一個辦法是，思惟別人正在經歷的痛苦。目前許多人由於生病、無家可歸、飢餓、和所愛者分離，以及其他重大的問題而身心受苦。提醒自己和這種苦難相比，疼痛其實還好。

第四個辦法是不理它，刻意把注意力轉向呼吸。爲了幫助自己停留在呼吸上，可快速地呼吸幾次。

我的最後建議是，只有在其他辦法都無效時，非常警覺地移動。緩緩調動肌肉，看看隨著姿勢的微幅改變，疼痛是否會減輕。若疼痛位置在背部，注意它是否因向前彎而引發疼痛。若張力在背部產生，先默觀姿勢一遍，放鬆，然後輕柔地挺直背部。

腳踝與膝蓋的疼痛需要特殊的對治法，因你不會想扯傷肌腱。若你認爲疼痛出自肌腱，先試著小心地收縮與放鬆關節上下的肌肉，別改變或移動姿勢。若那依然無法紓解疼痛，則緩慢移動腳，範圍只要到能減輕肌腱的壓力即可。

你也許質疑，忍受疼痛有什麼好處。「我著手禪修是爲了去除我的痛苦，我爲何要在坐禪中自討苦吃呢？」切記！這種苦能導致苦滅。當以正念如實觀察疼痛的生與滅，並體會伴隨痛苦止息而來的樂受時，你對於自己的耐苦能力會更有信心。更重要的是，因爲你的痛苦經驗是自發與集中的，因此它是修行的好道場，你愈來愈能對抗生命中更大的痛苦。

要忍耐。也許你以前從未嘗試過禪修的姿勢，或只偶爾如此做。當你初次在地板上禪修時，自然會感到有些疼痛。你曾爬過山或騎過馬嗎？回想當你初次如此做時身體的感受如何，或隔天感覺多麼痠痛？然而，若每天爬山或騎馬，你很快地就會擺脫痛苦而樂在其中。禪修也是如此，你只需要一再地做，每天以同樣的姿勢打坐。

集中你的心

安定內心的一個好辦法是專注於呼吸。呼吸是現成可用的，你無須費力去尋找呼吸，因它總是在鼻孔流進、流出，無關任何感情、推理與抉擇。持續把心安置於其上，是培養捨心的好方法。

每次開始禪修前，你都應修習慈念。有時人們可直接接通它們，並傳送給一切眾生。但更常見的情況是，你需要一個方法才辦得到。先從自己開始，然後慢慢把慈念擴及一切眾生。我建議念誦（默念或出聲念）以下段落：

願我幸福、快樂與平安。願我無任何傷害；願我無任何困難；願我無任何問題；願我總能成功。願我也有耐心、勇氣、正見與決心，去面對並克服生命中無可避免的困難、問題與失敗。

念完這段之後，重複一次，把「我」換成其他人，從父母開始：「願我的父母幸福、快樂與平安。願我的父母無任何傷害……」依此類推。其次，為你的師長們念誦這段：「願我的師長們幸福……」然後為你的親戚們念誦；然後為你的朋友們；然後為「無關緊要」（你對他們有中性感覺）的人；然後為你的敵人們；最後為一切眾生。這個簡單的練習將使你更容易在禪修中得定，並幫助你克服打坐時可能生起的任何憎恨。

其次，做三個深呼吸。吸氣與吐氣時，注意下腹、上腹與胸腔的擴張與收縮。完全地呼吸，以伸展身體的這三個區域。做完三個深呼吸後，正常地呼吸，讓呼吸自由、不勉強與優雅地流進與流出，把注意力集中在鼻孔邊緣的氣息感受。大多數人都能輕易地察覺鼻孔邊緣的氣息感受；然而有些人比較喜歡專注於呼吸接觸上唇或鼻孔內、鼻竇的感受，這得視他們的臉部結構而定。選好一處專注的位置後，只要注意呼吸流進與流出的感覺即可。

當把注意力集中在呼吸上時，你感覺每個入息與出息的初、中、後段，無須刻意去注意呼吸的這三個階段。當一個入息完成，在出息開始之前，有個短暫的停頓。注意它，並注意出息的開始。當出息完成，在下一個入息開始之前，有另一個短暫的停頓，也注意這個短暫的停頓。這兩個停頓如此短暫，以致可能察覺不到它們。但當具有正念時，你一定能注意到它們。

起初，也許入息與出息都長。注意它，但別心想或口說「長入息，長出息」。當注意長入息與出息的感覺時，身體會變得相對平靜。然後也許呼吸變短，注意短呼吸的感覺如何，再次別說「短呼吸」，然後注意從頭到尾整個呼吸的過程。現在，也許呼吸變細了，心與身都變得比以前更平靜。注意這個平靜與安詳的感覺。

雖然你努力保持專注於呼吸，但心可能會跑開。你會想起曾去過的地方、遇見過的人、久未謀面的朋友、很久以前讀過的書，以及昨天吃過的食物味道。一旦察覺心不在呼吸上，小心地把它帶回來，並固定在那裡。

有些人會使用貼標籤的方式，亦即對禪修中出現的現象予以命名。例如，禪修者可能注意到思想，然後在心裡默念：「想，想，想」，聽到一個聲音，禪修者則默念：「聽，聽，聽」。

我不推薦這種技巧。可能你想要貼標籤的事件發生得太快，以致根本來不及反應。貼標籤需要時間——念頭生起或感受出現的時間，以及想名字以將覺知之事概念化的時間。你無法在事件正發生時貼標籤，只能在事後才貼標籤。因此，只要在事情發生時看著它們，並覺知它們就夠了。

正念教導你直接覺知。它幫助你消除諸如概念與語言的媒介，概念與語言只會在覺知之後生起，以幫助你溝通觀念與感覺。然而在禪修中，你無須對任何人表達任何事，只需要清楚覺知：見只是見，聽只是聽，觸只是觸，知只是知。這就夠了。

練習一分鐘正念

當你從坐禪起身時，下定決心一天當中每個小時都要禪修一分鐘。你可能質疑一分鐘能做什麼，那差不多就是找到坐墊的時間。別擔心尋找坐墊的事，維持你原來的姿勢，無論坐著、站著或躺著都沒關係。一天當中每個小時花五十九分鐘做你在做的事，但那個小時請空出一分鐘，停下手邊的事並禪修。你甚至可設定手錶或電腦的鬧鈴，每個小時提醒自己。

當聽到鬧鈴時，心裡完全放下手邊正在做的任何一件事，並閉上眼睛，保持專注於呼吸。若你心想不知道一分鐘有多長，那就吸氣與吐氣十五次，不間斷地專注於呼吸。若所花的時間超過一分鐘，別擔心，你並無任何損失。

一分鐘結束時，睜開眼睛之前，下定決心在下一個小時快結束時再次禪修一分鐘。期待那一分鐘，並讓自己愈來愈熱中於此。你還可以問自己：「何時我才能再次靜坐禪修？」

若重複這個簡單的方法，到了一天結束，你將多做了十至十五分鐘的禪修。此外，到了一天結束，你會想要再坐禪，那是每個小時思惟的慣性力，它有助於臨睡前動念再靜坐一會兒。以半個小時的坐禪結束你的一天。上床時，持續把心放在呼吸上直到睡著。若半夜醒來，把心拉回呼吸。當隔天早上醒來，你的心還是會在呼吸上，提醒你以坐禪展開新的一天。

第1步

正見

我們許多人都熟悉佛陀的傳記，知道悉達多（Siddhattha）太子離開父親奢華的宮殿，出家求道，經過幾年的苦行之後，於菩提樹下禪修達到覺悟。然後他從禪座起身，走到波羅奈城（Benares），即現在的瓦拉那西（Varanasi）。在那裡的鹿野苑（Deer Park），他首次教導所發現的究竟安樂之道。

佛陀的訊息既簡單又深奧。自我放縱與自我折磨的生活皆無法帶來快樂，唯有不執兩端的中道，才能導致心的安穩與智慧，徹底解脫人生的痛苦。

佛陀的訊息在傳統上的認知是四聖諦，其中的最後一諦（道聖諦）展開即爲八聖道。他教導我們要善巧地修習正見、正思惟、正語、正業、正命、正精進、正念與正定。

在這一章與接下來的其餘各章中，我們將詳細檢視這八正道。你會注意到這三個面向——正見、正精進與正念——反覆出現在每一個步驟中。它們是這一條道路的關鍵，這些步驟輾轉增上，若無正見、正精進與正念的強力運作，它們將起不了作用。

踐行這條道路的方法是，把正念覺知帶入日常生活的每一個面向中，持續努力向善增上，且運用正見。當心安定下來時，洞見便開始生起。

有些洞見感覺像溫和的「啊哈！」此時世間或你生命中的某些部分突然亮了起來。有些洞見則感覺深不可測，好像整個大地都被你的新發現給撼動一般。可能有種如釋重負的感覺，隨之而來的是強烈的幸福與喜樂感，可以持續好幾個小時，甚至好幾天。這些美好的經驗都不是覺悟，它們只是暗示完全覺悟可能會是如此。

但會有這麼一刻，此時八正道的一切因素皆已備妥。戒圓滿；定深厚；心光明且清晰，沒有任何障礙現前。屆時你會有最深的洞見——所有經驗在各方面皆是無我與無常的，沒有任何事物值得執著。在那一刻，你的一切疑惑皆將消失，看一切事物的方式也會改變。

從那時起，你將在全新的層次上踐行正道。但在此之前，對於八正道各部分整合的方式，你必須有個可靠與清晰的知見。在那個深刻的洞見後，你的正見達到一個更高的層次——「出世間」的層次，此時你將具有不壞淨信，知道無論如何自己一定能達到目標。

無論做任何事，首先一定要知道爲何要做它，這正是爲何佛陀以正見爲八正道之首的原因。他希望我們了解，成佛之道並非什麼「承諾要變好」，以便能得到一些回報的抽象概念，也不是要加入祕密組織所需遵循的神祕行爲法則。

此外，佛陀之道是建立在常識與仔細觀察實相的基礎上。他知道若我們張開眼睛仔細看自己的生活，就會了解所做的一切選擇不是帶來快樂就是帶來痛苦。一旦完全了解這個原則，就會做出好的選擇，因為我們眞的想要快樂。
根據佛陀的解釋，正見有兩個部分：了解因果與了解四聖諦。

了解因果

佛教徒可能稱行爲對或錯、好或壞、道德或不道德，但它們的意涵和平常所說的有些不同，「善或不善」也許最能解釋這個觀念。佛教道德的基礎是，不善的行動導致痛苦的結果，而善的行動則導致快樂的結果。這個簡單的因果原則，是佛教徒所稱「業」（kamma或karma）的一個面向。

不善的行爲也可能帶來短暫的快樂，例如當毒販對閃亮的新車感到沾沾自喜時，或對傷害過自己的人進行報復而感到稱心如意時，但佛陀指出錯誤的行爲總是帶來傷害。我們自己的觀察印證這個眞理，有些傷害可能看不到，例如內心愧疚或後悔的痛苦；有些傷害則可能不會立即顯現。佛陀解釋，善行與不善行的果報有可能在很久以後，甚至在來世才出現。

你可能認爲：「我不擔心來世，我只在乎這輩子能得到什麼。」佛陀建議我們考慮這些可能：即使無來世，行善也將在此世爲我們帶來快樂與坦蕩自在；而死後若眞有來世，則我將雙重獲益——現在與以後再一次。另一方面，若無來世，造惡將令我在此世感到不安與內疚；而死後若眞有來世，則我在以後將再次受苦。因此，不論是否有來世，唯有斷惡與修善才能確保我們的快樂。

一旦了解想的、說的與做的每件事都是一個因，無可避免地會在現在或未來帶來一些果報，我們自然會趨吉避凶，愼思、愼言與愼行。明白有因必有果的道理，將幫助我們坦然接受過去行爲的結果。它也將幫助我們謹愼抉擇，以便能有個比較快樂的未來。

善行是那些創造快樂之因的行爲，例如發自慈心與悲心的行爲。任何行爲只要發自無貪、瞋、癡現前的心，皆能爲作者與受者帶來快樂。因此，這樣的行爲即是善的或正確的。

例如，假設你一直對所有人修習布施與慈悲，這個善行是一個因，會有什麼結果呢？你將結交許多朋友，受到許多人的敬愛，且會感到自在與安詳。周遭的人可能會憤怒與不快樂，但你不會。

你的正面行爲產生兩種立即的結果。第一個是內在的──你感覺如何。由於你一直都很慷慨與慈悲，因此反映你慷慨與慈悲的行爲，心將是安詳與快樂的。第二個是外在的──其他人感謝你並關心你。他們的關心當然令人高興，但和你內在的感覺相比，這比較不重要。由於外在的結果取決於別人的反應，因此它們比較不可靠。

一旦你了解這個原則，它的反面也會變得清晰。佛陀指出十不善行，它們總是無可避免地會造成痛苦。其中三種是身體的行爲──殺生、偷盜與邪淫；四種是說話的行爲──妄語、兩舌、惡口與綺語；最後三種是心的行爲──慳貪、瞋恚與邪見。

這十不善行的意義與避免它們的方法，將在後面的步驟中詳細解釋。然而，在開始修習佛陀之道前，我們需要足夠的基本正見，明白因爲這十種行爲無可避免地會對作者與受者帶來痛苦，所以它們是不善的。

斷除這十種行爲並非一組誡令，它是出於信服而遵守的一套自發性原則。沒有人能把它們強加在你身上，你必須從自身的經驗與從觀察別人的經驗中去發現，這些行爲是導致正面或負面的結果。經驗將告訴你，不善行會爲你自己與別人帶來身體與心理的痛苦。

此外，人們只有在錯誤地了解，以及心爲貪、瞋、癡所染污時，才會去做這些惡行。事實上，發自充滿貪、瞋、癡之心的任何行爲，皆會導致痛苦，因此是不善或錯誤的。

佛教的戒律是理性的行爲，奠基於因果的法則。你一定是對自己的因果迷昧無知，才會犯下惡行。你的行爲愈偏差，表示你愈迷昧無知；你的洞見有多深，你的解脫就有多少。若你刻意以違反因果法則的行爲去餵養愚癡，怎麼可能達到解脫呢？若你犯下嚴重的惡行，將無法從佛陀之道得到太多的清明，更遑論解脫慧了。你一定要持戒，那是必要的。

正念禪增進對於惡行業果的覺知。禪修者清楚感受到不善身、口、意行的痛苦結果，且迫切覺得必須徹底斷除它們。

你就是自己未來的創作者——經驗教導你這點。行爲不是無法改變的自然律，每一刻都有機會改變——改變你的思想、話語與行爲。若注意自己在做什麼，且自問它可能導致正面的或負面的結果，則你將引導自己走向正確的方向。

重複好的意向能產生強大的內在聲音，使你堅守正道。每當你陷入痛苦的循環中，它將提醒你能跳出那個陷阱。你將不時瞥見解脫的樣貌，藉由行善與斷惡，你將讓此印象成爲眞實。

因此戒——被定義爲符合實相的行爲——是一切心靈提升的基礎。少了它，正道將發揮不了滅苦的作用。

「有因必有果」的觀念是正見的第一部分，現在進入第二部分——了解四聖諦。

了解四聖諦

佛陀自己說，他只教導四個觀念——苦、集、滅、道。「苦」是指我們在生活中感覺不快樂。「集」是不快樂的原因——我們放逸與執著的心。「滅」是佛陀的承諾，即我們可藉由斷除渴愛而滅苦。「道」是爲了達到目標，必須採取的步驟。

在他四十五年的教學生涯中，從在鹿野苑初轉法輪到入滅，佛陀解釋了這四個字好幾百次。他希望這些根本觀念，能被處於不同心靈成長階段的不同根性者所了解。

有一次，他以生命的痛苦是個負擔來解釋苦，我們因挑起負擔而受苦，藉由放下負擔而結束它。正道教導我們如何放下自己的負擔。另一次，他稱「苦」是一種病；佛陀就如醫生，診斷疾病「集」起之因；疾病的息「滅」是佛陀醫師的治癒；而「道」則是他爲了治好我們所開立的處方。

了解第一諦——苦

佛陀的第一諦告訴我們，苦是無法避免的。你可能質疑：「許多新發現已讓我們的生活變得更舒服，這個苦的教導還適用於現代社會嗎？在佛世時，人們必定爲環境、疾病與天災所苦。但時下科技發明不是已能讓我們爲所欲爲，想去哪裡就去哪裡，並製造所需的任何東西嗎？」

不過，無論現代生活看起來多麼便利與安全，苦諦依然並未改變。它適用於現代如同適用於佛陀的時代，那時的人不滿足，我們也一樣。

我們可視情況稱佛陀的第一諦爲任何名字——苦、緊張、恐懼、壓力、焦慮、擔憂、沮喪、失望、憤怒、嫉妒、放肆、神經質或痛苦。所有人，無論他們生活在何時、何地，皆離不開這些問題。

我們隨時可能生病，可能和所愛的人分離，可能失去所擁有的東西，或被迫處於討厭的情況。父母與子女、丈夫與妻子、兄弟與姊妹、鄰居與朋友、社會與國家——彼此都爲了財產、地位、權力與邊界而爭吵不休。這些問題皆不外乎由貪欲、瞋恚或愚癡所引起，它們和世間的情況——社會、政治、經濟、教育、環境，以及自己的情況都有關係。

認清這些問題會觸發心中的痛苦是無可避免的。承認它們，並如實地接受它們，別責怪別人，是佛陀第一聖諦的要義。他告訴我們，要想追求快樂，就得心平氣和地正視痛苦，不生氣也不沮喪與悲觀。我們必須坦然面對困境，對於還未完全覺悟的人來說，生命的一切經驗都會帶來某種程度的痛苦。

痛苦可能極微細，也許是一種潛藏的微細不安；或可能比較明顯，是對個人、財產或意見的有所堅持。這完全取決於我們的貪、瞋、癡有多少，以及性格與過去的經驗。

例如，設想兩個人看到同一件事，但印象卻截然不同，其中一人覺得它快樂與宜人，另一人卻覺得驚恐與可怕。快樂與否都是唯心所造，我們的心創造生活經驗，繼而又樂在其中，或爲其所苦。所以，佛陀說天堂與地獄都是唯心所造，就在此世之中。

除非我們達到覺悟，否則各式各樣的經驗將令所有人深受其苦。我們接下來就看三件事——生死輪迴、變化，以及無法控制我們的生活。

生死輪迴

人生無可避免的循環——生、老、病、死——帶來痛苦。

嬰兒誕生時臉上並非掛滿笑容，長大之後，我們漸漸聽不到迎接這世界的最初哭聲，或許可以說，它轉變成內在的哭泣，我們的餘生將持續如此。我們哭求許多加侖的牛奶，許多頓的食物；許多碼的衣服；許多坪的房屋、學校與醫院土地；許多樹以製造書本、紙張、家具；許多藥丸以治療各種疾病；許多愛我們的人；許多可滿足需求的方法。若我們並未誕生在這不圓滿的世間，則各種的苦都將不存在，痛苦似乎隨著每個嬰兒一起誕生。

整個社會也爲生所苦。隨著地球人口不斷增加，我們的空氣、水質、土地污染也紛紛響起警報。有這麼多張嘴巴嗷嗷待哺，但資源卻日益枯竭，饑荒在地球許多地方蔓延。爲了建造道路與房屋，愈來愈多森林遭到砍伐，擁擠的居住環境造成可怕的疾病散播。這些例子不勝枚舉，你一定可以想到更多。

老化的過程也帶來痛苦。我們可能已忘記孩提時，爲了適應新鄰居或新老師所做過的調整，但我們應記得青春期身心調適的困難。成年後，我們經常在完全融入舊環境之前，就得去適應新工作、新關係、新科技、新疾病與新的社會環境。在每個生命階段中，不舒服的改變似乎都很普遍。

步入老年之後，適應改變的問題變得益發明顯。失去年輕時曾擁有的強健體魄是痛苦的，我們知道老化無可避免，但又希望它不要發生，因此感到痛苦。

當佛陀說老帶來苦時，他其實是泛指成長與衰敗。我們知道身體裡的每個細胞一直在衰敗與死亡，持續被新細胞所取代。心的每個狀態也一直在消失，並有新的狀態生起。最後，這個衰敗與變化的過程使得身心變弱，造成身體死亡。

疾病顯然是另一個痛苦的原因。每個人都知道疾病有多麼痛苦，疾病事實上造成兩種苦——對於疾病的恐懼，以及它的直接經驗。因此疾病是焦慮不間斷的來源，在生病時造成痛苦，並在健康時造成恐懼。

人們通常認爲痛苦與不圓滿苦是同義詞，但其實不然。雖然你無法避免傷害與疾病的痛苦，卻能避免不圓滿苦所造成的痛苦。若你能以特別的方式對身體少一點執著，當它感覺不同時，你就不會那麼不滿。例如，當提婆達多（Devadatta）扔石頭砸傷佛陀的腳時，佛陀感到疼痛，但因他了解疼痛的本質，因此不像一般人那樣受苦。痛苦的感覺通常是可管理的，而「現實」的不滿則更深奧與難以克服。

生命中第四種痛苦的形式是死亡——不只是死亡那一刻，還包括導致它的一切事物。我們都害怕死亡，並擔心可能怎麼死與何時會死？我們也知道當我們死亡時，得拋下一切事物，我們承受得了嗎？當鍾愛的人死亡時，我們感到震驚、悲傷與失落，那可能持續好幾年，乃至永遠。

但生命循環的不圓滿苦並不會隨著死亡而結束，佛陀說死亡不會終結不圓滿苦的循環。有些歷盡滄桑的人臨死前會說：「我再也不想這樣了。」但那只是空想而已，它無法阻止生命的循環繼續。只要我們對實相的本質蒙昧無知，生命就會繼續輪迴。只要貪、瞋、癡還存在意識中，輪迴就不會結束，過去、現在與未來的輪子，就會繼續轉個不停。

在那個循環中，前述的不圓滿苦會一再重現，這些經驗的能量就如我們生生世世一直揹在身上的背包。每一次新生，它的內容就會轉進新的包袱。當死亡時，無任何物質會跟著我們，但那一包能量——此世與過去諸世一切心理活動，以及一切有意言行的印記——不只會跟著我們，事實上是它啓動新生。

除非清空背包——除非我們清光生生世世由貪、瞋、癡所造的一切業果——否則無法跳脫無盡的生死輪迴。我們可用這個想法，激勵自己盡一切可能善用此生修行，如此才可能達到永恆的解脫之樂。

我們已解釋了貪與瞋是強烈的業因，那麼佛陀怎麼說癡呢？它對於不圓滿苦的感受有那麼重要的影響嗎？

「癡」在佛教中有兩個意義：「無知」——對佛陀四聖諦的意義無知；「邪知」——自以爲了解世間運作的方式，其實不然。

因爲對苦諦無知，所以我們相信新工作、新房子與新伙伴將帶來眞正的快樂。因不知言行的能量，會隨著人從此世轉移到來世，所以我們允許貪欲、瞋恚、疑惑與嫉妒鼓動自己。因不知簡單與節制的生活、善知識、禪修，以及以正念抉擇經驗的眞實本質，將在此生與來世帶來快樂，所以我們爲不積極修行找了無數的藉口。

我們甚至不知自己無知。在聽了深奧的實相教導後，佛陀的侍者阿難對他說：「大師！這個教法似乎很深奧，但對我來說卻是再清楚不過。」

佛陀回答：「不，不，別這麼說！它不只是看似深奧而已，它就是深奧。」（D 15）

因爲他的無知，阿難對於佛陀法音的了解還不完全，因此他並未在那一刻達到解脫。一如阿難，無知使我們一直困在輪迴之苦中團團轉。

變化

變化也使我們感受不圓滿苦。無論做什麼，變化都會使我們和所愛的人分離，和憎恨的人聚首。死亡與距離將我們和所愛的人拆散，朋友搬家、伙伴拒絕我們，這些分離重創我們。失去執著的東西使我們憤怒與悲傷，即使是一些瑣碎的事物，當它損壞或消失時，也可能令我們感到哀傷。

我四歲時，有次坐在沙堆上，用手指繞著身體畫了一個完美的圓圈。我高興極了！我的姊姊，大約七歲，走過來用腳擦掉圓圈。我氣急敗壞地追她，撿起一個沉重的小木凳丟向她，到現在她的一根腳趾頭都還有疤痕。那樣的氣急敗壞與盛怒，那一切眼淚與心痛，都只因爲愚不可及且短暫的圓圈沙畫！

我們不只失去所愛的人，還一直得面對喜歡的人與事不存在——至少不在此時、此地。日復一日和討厭的人生活或工作使人很不快樂，甚至一些無法控制的事，例如天氣，也讓我們感到苦。在我教導的西維吉尼亞州修行協會，當天氣炎熱乾燥時人們抱怨，但當多雨寒冷時人們也抱怨。當天氣乾燥時，他們抱怨皮膚或鼻竇受到影響；當它寒冷時，他們又因擔心會在冰上滑倒而抱怨。當天氣很好時，他們則因無暇享受它而抱怨！

當我們環顧周遭時，顯然一切存在的事物都會造成苦。爲何會這樣呢？事實上，世間存在的一切事物都是因之果。大氣壓力、風與溫度的變化都是下雨的因。樹的因是生長的種子，以及滋養它的陽光、土壤與水。我們的生命也是因與緣的產物——以父精、母血爲身體直接的因，以及過去諸世所累積的能量印記爲因。

佛陀稱這些與其他一切因之產物爲「因緣法」，他解釋一切因緣法都有三種特性。第一，它們是無常的。在時間推移下，大山與蜉蝣、蜀葵與微晶片等一切事物，都會瓦解、變化或死亡。第二，因爲這些變化，一切因緣法都是不圓滿的。如我們所見，一切變化的事物都可能引生痛苦。第三，一切因緣法都無固定不變的自我或靈魂。最後這個特性最難了解，因此暫時先擱置。

無常很容易了解。事物是短暫的，這個事實不是問題。使人痛苦的是我們對於人與事物的執著——就如我對於圓圈沙畫。例如我們有件非常喜歡的新外套，但穿沒幾次之後，它沾到一些污垢，或被硬物扯破，或被遺忘在公車上，我們因而感到氣惱。

外套遺失或污損並非什麼大不了的事，當然，我們能輕易地換掉它。但若那件外套是所愛的人贈送的禮物呢？若它是在某個特別的生日、周年紀念日或旅行時購買的呢？這時它更令人愛戀難捨，而它的遺失或受損也更令我們感到悲傷。

有時人們聽到這些討論會覺得心煩。他們要求：「何不談點快樂的事？爲何我們不談點別的，爲何一直談苦而不談喜悅、愉快與高興的事？」

我的朋友，這問題的答案是「變化」。因爲無常，一切愉悅、快樂或高興的事都不持久。身爲明智與成熟的人，我們應心平氣和地談論實相。我們必須正視它，這個由變化造成的不圓滿苦，並承認它。爲何要隱藏它，然後假裝一切都很美好呢？

若勇於正視變化，我們也許會看到它也有向上的一面。我們可以信賴這個事實——生命中存在的一切因緣，同樣都會變化，事情可能變糟，但也可能改善。因爲無常，我們才有機會學習、發展、成長、教學、記憶，以及做其他正面的改變，包括修習佛陀之道。若一切事物都一直那樣，則這些改變將無從發生。不識字的還是不識字，貧窮與飢餓的還是一直維持貧窮與飢餓。我們將沒有機會終結貪、瞋、癡，以及它們的惡果。

好了，我們已了解無常與其造成的苦。接著該怎麼了解無我或無自性？它們和變化有何關係嗎？佛陀說，正因爲世間的有情與無情總是在變化，所以它們是無我或無自性的，我們與周遭一切事物都並非固定與恆存的實體。我們無法把「我」或「我的」標籤貼在世間任何東西上，它們都變化得太快了。

我們的色、受、想、行、識、習慣與意圖一直在變化，怎麼可能指著什麼東西說「這是我的」或「這是我」呢？即使連「這是我的」的觀念或看法也在瞬間改變。爲了方便，我們可以說「我在這裡」或「這屬於我」，但我們應明智地說這些話，不可誤以爲這就表示有個不變的實體——「我」存在。外境也一直在變化，我們可使用慣用的標籤說「這是一張椅子」或「這是一隻黑猩猩」，但這些標籤並不等於我們經歷的變化實相。

此外，我們與其他一切事物都處於過程中，在生、住、異、滅的相續之流中，世間或自身並無任何獨立恆存的事物。看自己的心一分鐘，你就會明白我的意思。記憶、感情、觀念與感受飛快閃過意識的螢幕，我們根本抓不住它們。因此，以貪取之心去執著這些飛逝的影像，或以瞋恨之心排斥它們，完全沒有任何意義。若我們的正念迅速敏銳，當它處於深定的狀態中時，就可以清楚看見變化——清楚到完全沒有我見的立足之地。

有些人聽到無我的教法時，會感到沮喪與失望，有些人甚至還會生氣，誤以爲生命將因此沒有意義。他們不了解依據無我的見解生活者，是最喜悅與最有意義的。

有次我拿一份文稿給一位朋友編輯，他是位專業編輯，我預估這份工作大約只需花他一個小時，但過了六個月還沒有任何消息。最後他來找我，我們一起去散步。他絕口不談我的文章，這時我意識到這個主題有點棘手。我小心翼翼地開啓話題，我問道：「你撥空看過我的稿子嗎？」他沉默了一陣子，然後回答：「德寶法師，我看過了。當我看到無我的教法時，我愈看愈生氣，最後氣到把整份文稿摔到一邊！」我嚇了一跳，但我沒和他吵架。反之，我放下對文章的執著，他因爲無我而摔我的文章，所以我拋開和文稿有關的自我，繼續保持輕鬆、友善與平靜。然而，這個人卻因爲執著自我而僵化、煩躁與不快樂。

因此，你了解接受無我的概念有多麼困難了吧！但只要你保有這個自我的概念，就會感到不舒服、僵化與固執，而人們也會覺得你的自我本位很討厭。當有人因某件事而反對或指責你，或事情令你失望或不如你意，甚至即使別人提供建設性的建議時，你都可能感到心煩或憤怒。正確了解這個無我的觀念，你將感到輕鬆自在，將能輕易地和任何國籍的人打成一片，將不卑不亢地與人相處，將無入而不自得，且所有人都會覺得和你在一起很舒服。

只要確實了解無我，無論你到哪裡，或別人待你好或壞，你都可以感到快樂與自在。別讓這個教法令你感到沮喪或憤怒。

至於現在，我們應先滿足於嘗試在理智上接受這個觀念。而隨著正念不斷增長，有天一定能直接親證諸法無我或無自性。一旦達到這點，對我們而言，來自變化的苦果將永遠結束。

佛陀與其他已達到正覺的大士都是此事最好的證明，佛陀已完全解脫自我的概念。當然，在達到覺悟之後，佛陀繼續住在社會中。爲了世俗的目的與方便溝通，他繼續使用世俗名詞，例如「我」或「我的」。若你這麼做也沒問題，駕照上的名字不可能是個絕對正確的標籤，或一個永恆身分的保證，但對於處理日常生活俗事而言，它卻很方便。

但當正念引導你覺悟過去一直頑強保護的「自我」，事實上只是個幻相，是不斷變化的感受、情緒與身體狀態的相續，並無固定恆存的實體時——此時沒有一個執取世間無常事物的「你」，當然你便沒有理由不滿或痛苦。

無法控制

若我們眞的可以控制生命，那沒有理由會痛苦。事實上，我們無法控制它。一次次我們得不到想要的，卻得到不想要的事物。

我們希望永遠都有完美的工作、辦公室、上司與待遇，但它們卻會變化，且原因與時間不確定。我們希望保有所愛的人，但無論對他們如何愛戀不捨，終有一天還是得分開。就拿健康這件事來說，雖然服用草藥與維他命，又運動健身且正確飲食，但我們還是會生病。我們希望青春永駐，希望老化只發生在其他人身上，但隨著時間流逝，我們發現身體另有計畫。無論身處於何種理想的情況中，自然會希望留住它，但我們控制不了無常法，這是一切事物存在的定律，我們對它束手無策。

發生我們永遠都不想要的事，也是令人痛苦的，例如被蜜蜂螫到，或喜歡的電視節目被臨時取消，或有人闖入車內，或失去工作，或心愛的人罹患癌症，或珍貴的結婚照、棒球紀念品被祝融奪走，或小孩發生意外，或染上毒品。醜聞、指責、蒙羞、失敗、飢餓、失去商品、失去所愛、身體惡化——許多不好與討厭的事，發生在我們與我們想要保護的人身上，但我們對它卻一籌莫展。

「好吧！」你也許會說：「夠了！」但事情仍未結束。若仔細觀察，就會了解即使願望實現也是不圓滿（苦）的。

例如你想要一間漂亮的房子，所以買下它，看看你會遇到什麼麻煩。你必須付貸款、繳稅，保護、守衛、裝飾、修理與保養它。然後，你時常不在家，一大早就得去工作，到了晚上也許還要去參加宴會或看電影，回家睡五、六個小時，然後再次出門。毫無疑問地，這間房子很大也很漂亮，不過你得持續付賬單，割草、修理屋頂與打掃車庫。你得到了想要的東西，但你快樂嗎？

讓我們看看另一個例子。有個男孩喜歡某個女孩，而她也喜歡他。他們彼此都很努力地吸引對方，但一旦開始交往，他們都很害怕。他害怕她會愛上更英俊的人，而她則害怕他被更迷人的女孩拐走。嫉妒、懷疑、擔心，這樣快樂嗎？

你不難想到其他的例子。只要看報紙，報上說贏得樂透彩券的幸運兒往後卻生活得很悲慘。所以有此一說，生命中只有兩種悲劇——得不到想要的，以及得到它。

眞實的感知

佛陀嘗試爲我們釐清此事，即世上的每件事物都會爲迷昧無知的眾生帶來痛苦。他列出「五蘊」，涵蓋事實的每個可能面向：色、受、想、行、識。「色」是指一切物質存在——包括身體，以及感官接觸到的事物。

另外四蘊則涵蓋一切心理經驗。在列出招致痛苦的一切事物最後，佛陀說：「總之，五取蘊是苦。」（D 22）

這是怎麼一回事？爲何不圓滿苦會完全席捲我們生活的每個面向？對此佛陀解釋，我們的苦受來自對於經驗的感知與思考方式，它的運作方式非常微細。

我們都知道，我們是透過五根去感知這個世界，以眼見色，以耳聽聲，以鼻嗅香，以舌嘗味，以身感觸。佛陀還提到第六根——意根，因爲我們的心也能感知觀念、思想、意象與情緒。到目前爲止，一切順利。

六根實際感知到的是經驗的原始資料，或以心的情況而言，是經驗的意象——顏色、形狀、大小、密度、音高、硬度與粗細。當然，我們知道，認知因人而異，這取決於感知者的六根狀態，重感冒者的嗅覺與味覺可能變差，聽力受損者可能聽不到低頻的聲音。因此，感知是主觀性的，完全取決於感知者的感官機能。

我們都知道這些差異，但心戲弄我們。它讓我們相信感知是堅實與可靠的，它鼓勵我們將此事視爲理所當然，即我們注意到的特質眞的就是所觀察到事物的一部分，而非不斷變化因緣的結果，這些因緣包括自己感官的變化因緣在內。

不只如此。在我們感知某事之後，心不管它是什麼，立即加以分類或判斷，並把事物或經驗放進三個箱子之一。第一個箱子是標示爲「樂」的感知——剛出爐麵包的味道、小提琴協奏曲、光輝的夕陽。第二個箱子裝的是「苦」的感知——父親死亡的回憶、頭痛、警笛的呼嘯。放進第三個箱子的是「不苦不樂」的感知——我們有中性反應的那些事物與經驗。

當然，因爲我們的心還未斷除貪欲，因此執取樂；因爲瞋恚，而排斥苦；因爲愚癡，而忽略不苦不樂，且視一切對象——樂、苦、不苦不樂——爲永恆，具有自性，且能帶來永遠的快樂或痛苦。

佛陀如此解釋這個扭曲或錯誤感知的效應：

> 緣眼於色而眼識生，三事和合而有觸。緣觸，而有受。若有受，便想。若有想，便思。若有思，便念。若有念，便分別。源此分別，衍生感知與種種概念，使人由眼認知過去、未

來與現在諸色。〔依此類推耳、鼻、舌、身與意〕（M 18，菩提比丘〔Bhikkhu Bodhi〕英譯）

反之，眞實或善的感知，既不執取，也不排斥，它如實感知無常、苦、無我。當以善的方式感知世間時，我們便是在修習善念。眞實的感知是具有強力療效的，若我們如實觀察人與物爲無常、苦與無我，則沒有任何感知的事物能令我們痛苦。

眞實的感知是正念禪的目標，眞實的意思是不逃避自身與世間的事實。

透過正念覺知，我們學習務實地觀察存在，它不總是美好、愉悅與快樂的，而了解生命是苦樂參半的。我們在身心痛苦初萌時便察覺它，並觀察它如何生起、持續多久與如何消失。正念禪如避震器般運作，若你逐漸習慣去面對日常生活的不圓滿苦，並覺知它們是自然的事件，當你遇到困難或痛苦的情況時，就能勇敢與平靜地面對它。

當我們能無懼地正視痛苦時，也一定能認出眞正的快樂。

了解第二諦——苦的因

佛陀的第二諦告訴我們不圓滿苦的因是貪欲，我們也稱之爲貪愛、欲貪或貪著。它可能是任何對象——美食、親愛的朋友或崇高的精神目標，若貪著它，我們就會感到不滿足與痛苦。

你也許會問，貪欲來自何處？最明顯地，它來自身體的原始衝動——活下去的欲望，對食物、衣服、住處、溫暖、多樣化與歡樂的渴望。貪欲深植於人類心中，也深植於動物體內，甚至連植物也似乎有某種欲望，因為它們會為了光線與溫暖而轉向太陽。另外一個貪欲的來源是社會的制約——我們從父母、家庭、朋友、學校、廣告與書本學來的看法與價值，它促使我們相信某些東西是好的，而其他是不好的。

最強的貪欲是奠基於樂受，生命透過各個感官提供我們難以抗拒的歡樂。例如視覺，你的眼睛舒適愉快，眼識也一樣舒適愉快，接著是色境、眼觸、所見的感受、色的認知、欲求色法、想念它們、分別、幻想等，一路往下推演。同樣舒適愉快的感覺，也從耳朵、鼻子、舌頭、身體與意識生起。每天你都有機會透過感官，接觸使人舒適愉快的對象，然而仍感到不快樂。

佛陀在第二諦中提醒我們，我們對感官歡樂的貪著是會危害快樂的。他將感官歡樂比喻為將一根沒肉的骨頭丟給一隻餓狗，雖然狗啃這根骨頭很久，但骨頭永遠滿足不了牠的飢餓。細想之後，你會發現自己就像這樣，無論你有多少的感官歡樂，仍渴望更多。

多少洋芋片才夠？多少塊巧克力？要玩多少個電動遊戲或讀多少本小說，才能滿足你對這類經驗的渴望？要多少的性行為才會永遠滿足你的性欲？多少的酒精或毒品？有時人們徹夜狂歡直到昏倒，他們感到滿足嗎？你永遠能想到一些還未嘗試過的有趣的事。

佛陀將感官歡樂比喻為塗上蜂蜜的利刃。為了嘗蜜，人們甘願冒劇痛的危險。我們都能想到人們為追逐欲樂，而傷害自己甚至害死自己的例子。幾年前報紙上有個故事報導，有個修理屋頂的工人透過天窗看到裸女在屋內走動，爲了看得更清楚，他不愼從天窗滑落，跌入屋內且嚴重受傷。

酒精、毒品、探險與危險娛樂，更別提隨便性交，都使得許多人痛苦不堪。

此外，感官歡樂並不持久，如夢一般，歡樂瞬間即逝，迅速從你身邊溜走，除了感受與記憶之外，什麼也留不住。就如借來的商品，它們不屬於你所有。你愈執著歡樂，當時間、變化或環境無可避免奪走它時，它對你的傷害就愈大。

欲望來自樂受與苦受。歡樂生起時，便有執取它與永久持有它的欲望；而當痛苦生起時，便有拒絕它或避開它的欲望。因爲對樂受的貪著與對苦受的憎惡，你便經常尋求取樂或避苦的經驗，一旦發現某事有助於達成這個目標，你就變得偏心且有成見。這個心態讓人執著，爲了保護或保持所擁有的事物，人們不惜說謊、毀謗或侮辱他人，甚至拿起武器捍衛以爲是屬於自己的東西。

欲望也導致心理的痛苦。由於來自色、聲、香、味、觸、法等可喜之觸的感受，人們思考、合理化、架構理論、架構哲學、推測與架構概念，而逐漸形成錯誤的見解與信念。回想過去愉快的感覺，他們調製更多符合欲望的想法、信念與理論。

有些人著迷於他們的欲望，因此希望轉生去重享一切歡愉的事物。有些人則因過去曾有的不愉快經驗，而希望別再轉生。「就這樣！」他們說：「一生就夠了，我不需要更多這樣的事。」

其實，欲望來自無明——不了解事物不持久，以及欲望創造痛苦。當感官接觸某種令人愉快的事物時，無明的心就動念去抓取與執著它。反之亦然，當感官接觸某種令人不愉快的事物時，無明的心就動念去閃躲與逃避它。因爲這些心念，人們才會不顧報應，犯下身、口、意的惡行。因爲欲望，人們扭曲實相，並迴避承擔自己行爲的責任。

對自己的行爲負責

佛陀對於因果的教導清楚地說明，個人幸福與滿足的基礎是對自己的行爲負責。否認自己的缺點，並將不滿歸咎於世間，將使你一直處於痛苦中。不好的事發生在每個人身上，只要將問題推給父母或社會，你就給了自己不改變的藉口。一旦對自己的情況負責，即便別人對它也有責任，你將開始在正道上前進。

對我來說，我們扭曲實相，以及藉口不負責的方式至少有三種。第一，我們認爲不快樂是由外在世界所引起，因而把一切精力與心神導向外在。我們專心致志，甚至有時著迷於嘗試清理周遭的人，好像只要他們完善，就能帶來解脫。或我們嘗試整頓社會，以爲只要改正社會缺失，就能解決自己的問題。「只要飢餓、戰爭與污染消除，我們就會快樂。」

想要改善社會當然值得讚許，我們看見人們的苦難，悲心油然而生，因此積極行動去減輕他們的痛苦。但我們經常忽略一件事，當嘗試改正別人時，忘記或隱藏了自己的問題。我們的藉口是，社會上有那麼多缺失需要整治，哪有時間去改善自己。

事實上，我們可能缺少誠實與勇氣，去檢視自己眞正的動機。投入社會運動的人可能很有同情心，並熱中公益，但有些人不敢承認自己眞正的動機。我們都知道幫助弱勢能帶來權力感，那是在和不需依賴我們的人共事時所得不到的。渴望權力是原始的本能，我們需要更多的誠實，去看清幫助別人有多少成分是發自這個渴望。認清行動背後的動機，能幫助我們實事求是地在拯救別人之前，先整頓好自己的家。

不爲自己行爲負責的第二個藉口是，堅持問題和我們無關。我們只在乎自己的目標與歡樂，而很少去考慮此作爲對別人有何影響。內心深處，我們可能認爲外在世界不重要，甚至在某種程度上是虛構的。若能聆聽自己的心念，會聽到自己說：「只有我存在，且只有我關心的事才重要——其他的事都沒關係。」

看看公眾人物吧！他們嘴裡說一套價值，但私底下的行爲卻背道而馳。

這些人只在乎自己。有些誠實一點的人承認，他們眞正渴望的目標是發財、權力或聲望，然而，他們還是找到一個不爲自己行爲負責的方式。他們以此方式自欺，認爲自己追求的目標比任何其他的事都更重要，或相信只要達到目標就會快樂，不管一路上誰會受傷。

第三種迴避個人問題的方式是，乾脆逃離它們。我們都如此做，看電視或翻冰箱找巧克力冰淇淋，是迴避誠實自省的典型方式。你哄騙身心讓它們舒服與放鬆，然後上床睡覺。時間流逝，除了變老與變胖，其他什麼也沒改變。挑戰的關鍵是，有勇氣去問爲什麼。

我們不時地放縱自己以這些方式逃避責任，它們帶來一些暫時的慰藉與安逸，但對於我們的問題無法提供眞實與持久的解答。無論你嘗試改變、忽略或逃避世界，都還是得爲自己的行爲負責。生命上下浮沉，都是我們所創造，這個乘載工具——我們的身心組合——充滿艱險。根據佛陀的教導，唯一有效的事是，設法改善唯一有能力使自己與世界快樂的工具——自己的心。

了解第三諦——苦的止息

佛陀的第三諦是承諾有苦滅，那個滅來自完全斷除一切執著、一切貪欲。我們已了解有因果業報，以及應爲自己的身、口、意行負責，由此不難了解我們對於自己的苦滅扮演重要的角色。但此時，我們很難想像全然的快樂是什麼樣的感覺，永遠沒有貪或瞋的感覺會像怎樣？

這個問題也出現在佛陀的弟子們間。有一天，佛陀的兩位上首弟子之一、本身是位已覺悟老師的舍利弗尊者，和一群比丘們討論佛法。他們問他：「尊者，這個被佛陀稱爲『涅槃』永遠快樂的狀態，被說成爲非經驗的快樂。不被經驗的事如何名之爲快樂呢？」

舍利弗回答：「它正因此而被稱爲快樂。」（A IV〔Nines〕IV 3）

換言之，快樂是由不被經驗的事所構成。第三諦教導我們，快樂是泯除內心的一切不善法——一切貪、瞋與癡。當我們最後終於成功地熄滅燃燒眼、耳、鼻、舌、身、意的內在之火時，將經驗完全的快樂、安穩。我們可能很難想像這種狀態的感覺像什麼，但唯一的解答是遵循邁向這個目標的正道。

一如我們許多人，比丘們告訴舍利弗，希望在道路的起點便知道它的終點。這就猶如問一個少女：「妳生小孩時的感覺如何？」少女從未生過小孩，她必須長大成熟才能擁有那個經驗，或許可根據閱讀或傳聞說一些關於生小孩的事，但她無法表達整個經驗。

即使母親也可能無法講清楚生產是怎麼一回事，她只能敘述自己的經驗，但未曾生產過的聽者仍無法了解母親的感覺如何。

覺悟的永恆之樂就像這樣，它只能被那些已做好準備的人所了解，並親自去體證。

假設少女去找父親，並問：「爹地，你和媽咪是什麼關係？」

他可能回答：「親愛的，出去玩。以後我再告訴妳。」

或許當她長大準備要結婚時，父親會對她說：「很久以前妳曾問過我，我和妳媽是什麼關係，現在妳還想要我回答那個問題嗎？」

女兒回答：「不，爹地，我已知道答案。」

女兒的了解已成熟，知道問題的答案。若像男女之間的世俗經驗都如此難以解釋，試想若要了解解脫痛苦的永恆之樂有多麼困難！

現在，我們的心充滿各種觀念、意見與看法，其中許多都是源自貪、瞋、癡。在斷除負面的心態之前，要想了解涅槃的永恆之樂是不可能的。我們能做的只是引用已達到覺悟的那些人所說的譬喻、寓言與例證，然後嘗試逐步達到一些推理式的了解。例如：

從前和魚與其他海中生物同住的一隻烏龜突然消失。當牠回來時，魚群問牠去了哪裡。

「我去陸地。」烏龜告訴牠們。

牠們問：「那裡的水怎樣？」

牠回答：「陸地上沒有水。」

「那你怎麼游泳？」

「我不游泳，我走路。」

「走路？你說『走路』是什麼意思？你在那裡有發現許多魚嗎？」

當烏龜嘗試解釋時，魚以懷疑的口吻說：「沒有水，沒有魚；你不能游泳；你又說你『走路』，這怎麼可能？」

烏龜回答：「你們似乎只是想滿足於自己的懷疑，那麼就讓我回到陸地上去吧！」說完，牠便消失了。

就如魚永遠無法想像陸地的概念一般，爲貪、瞋、癡所苦的人無法了解涅槃。要想了解，你得超越內心一切不善法，並親自去證悟。

除非你如此做，否則對覺悟之樂的經驗，頂多只是有時片刻放下負擔，或「心」就只是心，不摻雜其他東西時所達到的幸福感。此時所得到的推理式了解，可被比喻爲你在沙漠中感到疲憊又口渴，發現一口深井底部有水，但無桶子或繩子，不過你太虛弱了，以致即使有工具也吊不起一桶水。因此，只能眼巴巴地看著水，但嘗不到它，更別說喝到一些了。同樣地，當心暫時無貪、瞋、癡時，你能察覺涅槃的安穩，但無可用的工具達到它。斷除貪就如找到布施的繩子，解脫瞋心則如把繩子繫在慈悲的桶子上，而雙手的力量就如無癡的智慧。當把這三者放在一起時，你就有辦法嘗到，甚至大口喝到涅槃的至福滋味了。

這個至福的狀態難以形容，它唯一的特色是安穩。它是不生、不造作與無爲的，我們頂多只能說這個狀態沒有什麼。它對於人、事與經驗並無愛、取與執著，無瞋恚或憤怒，無常、樂、我等邪見。

還在此不圓滿世間享受現世生活的困惑眾生，對此敘述可能會說：「覺悟聽起來好像不太有趣，我不確定自己想達到那個狀態。那裡有房子嗎？有家庭、學校、醫療保險、醫院與好的道路嗎？」我曾被問過這問題。

我們必須回答「沒有」。還貪愛生命，貪著無盡輪迴的人，並無想達到究竟安樂的清淨心。這種人不了解佛陀的第一諦——不圓滿苦，是無法避免的；或他的第二諦——貪欲有多少，痛苦就有多少。沒有這些基礎正見，不可能了解佛陀的第三諦——當一切執著，一切貪欲息滅時，苦便止息。

你也許質疑，對於菩提與解脫輪迴的欲求是否適當。答案是「是的！」這是非常好的欲求，名爲「無欲之欲」。

了解第四諦──道

佛陀的第四諦是導致苦滅之道。它的八個步驟爲那些遵循它們者帶來安穩與快樂。往後我們會詳細檢視各個步驟，這裡先做個速覽：

● 第一步：正見。了解因果業報與四聖諦，以及它們如何契入整個佛法體系。
● 第二步：正思惟。介紹三個正面思想──捨、慈與悲。
● 第三步：正語。解釋不妄語、不兩舌、不惡口與不綺語的意義。
● 第四步：正業。介紹道德生活的原則：不殺生、不偷盜、不邪淫與不使用麻醉品。
● 第五步：正命。解釋爲何選擇適當的工作或職業對於修行很重要，以及應如何處理職業道德的問題。
● 第六步：正精進。介紹加速修行的四個步驟──斷除已生之惡法，使未生之惡法不生，使未生之善法生起，使已生之善法增長。
● 第七步：正念。指修習正念禪，尤其是修習四念處──身、受、心、法。
● 第八步：正定。指禪修中可能達到的四種禪定。

這八步不只是佛陀所教導有趣的觀念表列而已，它們是你覺悟最有希望的寄託。若八正道是你只匆匆一瞥，然後就丟在一旁的東西，則你已錯失了它們的潛力，沒有其他教法比佛陀的法音更深奧與重要。事實上，這八正道就是佛陀的法音。

這八正道經常被描繪爲輪子——清淨之輪，和生、死、轉生的無盡之輪相反。清淨停止反覆的生死循環，清淨之輪上的輪輻即佛陀的八正道，它的軸心是慈悲與智慧。反之，生死輪迴的輪輻是我們過去與未來在三界苦海中的多生多世，這輪子的軸心是貪、瞋、癡的組合。

這兩個輪子一直在轉動。我們環顧周遭無盡的生死循環，植物、動物與人一直在出生與死亡。清淨之輪的轉動較難看到，但它就在那裡。我們周遭，人們正在修習佛陀的安樂之道。因爲修行有活力，一直在積極運作，所以輪子在轉動。這兩個輪子的環狀都象徵圓滿，生死之輪是圓滿的封閉系統——它是維持痛苦的圓滿系統；而清淨之輪的環狀，則象徵八正道是完整與圓滿的。

爲了解脫痛苦，你應落實清淨之輪的每個修行面向。只是閱讀它們的相關內容，無助於讓生活更快樂。若你嘗試讓腳踏車的輪子直立，它會傾倒。然而，若你騎在車上讓輪子一直轉動，只要動作不停止，輪子就會保持直立。爲了利益你自己，正見之輪也需要透過每天的修行一直運轉。

正見隨念

舉個例子看你如何練習第一步——四聖諦的正見。想像一天早上打坐時感到腳痛，你未能注意感受的生與滅，爲疼痛所苦，內心的痛苦讓身體的疼痛變得更糟。若你具有正念，這問題就不會發生，但現在你卡在這裡。你應怎麼辦？

你可以利用佛陀的八正道來克服疼痛所造成的痛苦，這是個觀察四聖諦運作的好機會。雖然我們前面以特定順序描述八正道，但你無須依順序來運用它們。就如你在廚房中烹調，所有鍋子都按尺寸懸掛，一切器皿都井然有序地排列，你不會依排列的順序來使用這些器具，而會按當時的需要隨手拿起湯匙或鍋子來用。同樣地，把八正道納入日常生活中，再根據需要挑選與使用所需的任何步驟。

首先，你只是警覺疼痛以及對它的抗拒，這時你使用的是正道的第七步——正念。依正念，你開始覺知「這是痛苦」。當看見痛苦的眞諦時，你正在看見第一聖諦，它眞實呈現在眼前，此時你開始運用正道的第一步——正見。

在正念的注意下，你很容易便察覺，愈抗拒疼痛，它感覺上便愈糟，因此你努力克服憎惡，這涉及正道的第六步——正精進。藉由放鬆與修習慈心來放下憎惡，例如你也許了解到腳痛和身體其他的感覺同樣值得慈悲對待。如此，你開發了正道的第二步——正思惟的一個面向。

然後你可能察覺，痛苦不是只因憎惡而生起，而是因想要感覺更好。例如你可能心想：「若能安穩地打坐，沒有這個疼痛多好！」看見你的貪欲與痛苦的關連，使你洞見第二聖諦——貪欲造成痛苦的眞諦。現在你的正見又更往前邁進一步。

隨著打坐洞見第二聖諦，貪欲與痛苦之間關連的覺知愈來愈強，你也進一步修習正念。因對貪欲如何導致痛苦看得非常清楚，你對治貪欲的決心遂油然而生。奮起精進，你再次運用正精進，這一次，你是爲了捨棄對於樂受的渴愛與執著。這種想捨棄的念頭，即爲人所熟知的「出離」，是正思惟的另一個面向。

也許你最初對疼痛的反應是失望與挫折，並因而產生自責或其他無情的想法，現在你發起正精進捨棄它們。如此做的同時，你再次運用正思惟。請注意！若你過度精進，可能會使疼痛與緊張加劇。然而，秉持正念，你看見那個問題。此時正思惟的步驟再次派上用場，這次你以對自己慈悲的想法讓心平靜下來。

如此成功地修習正見、正思惟、正精進與正念，讓你的心平靜下來。心變得愈來愈集中，這是正道第八步——正定的表現。有了正定，身心的疼痛將會消失，隨著疼痛消失，你感到喜悅、平靜、安穩與快樂，這些特質又輾轉加深禪定。

更深的禪定使正念增強，你持續檢視自己的經驗。你看見因放下對樂受的貪欲，疼痛消失。然後隨著第三諦的邏輯與力量變清晰——貪欲滅導致苦滅，你的正見增長。

你可能察覺在這個例子中，我們並未提到正道「戒」的面向——正語、正業與正命（第

三、四、五步），但它們也扮演了一個角色，因爲它們是良好生活的關鍵面向。不道德使心不安定，使禪修即使在舒適的環境中也變得困難。在面對身心疼痛時，能保持集中與維持強烈決心之前，你需要一個好的道德基礎。

因此，當正確運用佛陀的八正道時，你在其中找到離苦之道。如此做時，你見證了第四聖諦——滅苦之道，即遵循八正道。現在你已接觸了正見的全部四個基本面向。

藉由在這類情況中親見四聖諦如何運作，你領略到如何在生活中廣泛行使它們，如是清淨之輪得以持續轉動。

正見隨念要點

以下幾點將幫助你由正見獲得快樂：

- 正見引導我們根據因果與四聖諦的見解來行動。
- 依照「業」的法則，善行造成樂果，惡行則引發苦果。
- 發自貪心、瞋心或癡心的行為導致痛苦，因此是不善的或錯誤的。
- 發自無貪、無瞋或無癡的行為導致快樂，因此是善的或正確的。
- 四聖諦宣說苦、苦的起因、苦的止息與導致苦滅之道。
- 面對苦諦有助於我們認識真正的快樂。
- 生、老、病、死、愛別離、怨憎會、求不得與得到不欲之事物——這些都是苦。
- 當我們無法接受一切現象皆為無常、苦與無我時，痛苦就會生起。
- 貪欲是痛苦的根本原因，貪欲有多少，痛苦就有多少。
- 我們必須為自己的貪欲與由它發起的有意行為負責。
- 當為自己的有意行為負責時，我們改變自己的行為。
- 有苦滅。
- 佛陀的八聖道為我們指出達到究竟安樂的滅苦之道。
- 正念能幫助我們了解四聖諦與八聖道。

第2步

正思惟

思惟能令我們快樂或痛苦，這一點也不神祕。例如，在一個春光明媚的日子，你坐在樹下，除了微風輕拂過髮梢之外，什麼特別的事也沒發生。也許你想起幾年前另一個春天，那時很害怕，你失業了，或沒通過考試，或貓走丟了。那一刻立即轉爲憂慮。「若我再次失業怎麼辦？我爲何要對某人說某話？無疑地會有事發生，而我將被攆走。現在，我眞的慘了！我如何支付賬單？」憂慮接踵而來，沒完沒了，你很快就感到生命黯淡，但此刻你正坐在樹下呢！對我們來說，幻想、恐懼與其他各種妄想是個大問題。我們似乎很容易陷入不健康的思惟模式——掉進意識裡凹陷的溝槽，使我們一直繞著通往痛苦的熟悉軌道轉。

佛陀之道的第二步提供我們擺脫這模式的方法，將思想重新導向正面與有益的方向。當我們開始正確地了解事情時——透過正見隨念要點——心自然地流入正思惟。這裡的思惟不只是指思想，它還包括任何有意的心理狀態。隨著開始了解貪欲是苦因，我們明白帶有愛、憎的思想總是導致痛苦。正思惟包括斷除惡念，例如執著、瞋恨與殘酷，而代之以善念，例如放捨、慈愛與悲憫。這些正思惟的作用是對治妄想與憂慮，並幫助我們走上安樂之道。

放捨

放捨是貪欲或執著的反面，相當於最高意義的布施。在成佛之道上，我們將有機會捨棄或放捨阻礙追求究竟安樂的束縛——財產、人、信念與見解，甚至對於身、心的執著。

當人們聽到這點時，有時會開始擔心，以為要遵循佛陀的教法就得拋棄一切並出家。雖然成為比丘或比丘尼確實是修布施的方式之一，他們大都能放捨繁忙與以家庭為中心的生活，但需要拒絕的不是擁有的東西，或家庭與朋友，而是認為「它們屬於我們所有」的錯誤想法。我們需要放捨對於生活中的人與物質，以及對於觀念、信仰與見解執著的習慣。

放捨對物質的執著

放捨是漸進的過程。在我們實際捨棄任何事物之前，必須先修布施念，藉由仔細思考布施的意義，以及檢視修習它的陷阱與利益，而完成它。一個不錯的入手處是從最簡單的布施形態——物質布施開始。

首先注意心如何哄騙我們迴避布施的念頭。我們告訴自己，要布施一定得先擁有很多才能給予。我們說：「等我發財之後，我會爲無家可歸的人蓋庇護所，還有蓋醫院與禪修中心。想想我能幫助多少人！」因此，我們一點一滴四處積攢與投資，隨著投資增加，愈來愈忙著照顧它們，且愈來愈執著所擁有的東西，最後我們變得沒時間行布施。

心會耍的另一個詭計是，爲布施附加別有用心的企圖，例如我們發現給某人禮物會感覺優越。有時我們享受給禮物的經驗，甚至超過受贈者得到它的感覺，「給予」讓我們感到驕傲。我們的自我對於禮物有多美麗或昂貴，或對於它傳達出我們品味高尚或風格獨特的訊息，爲此而感到高興。此外，我們可能私下覺得獲贈禮物者現在欠自己一份人情，甚至利用過度的布施來貶抑受贈者。當我們把某樣東西給出去時，某種尋求滿足的感覺元素通常存在。「給予」讓我們感覺優越，或讓別人對我們有好感，或欠我們一份人情，這令布施走樣。

另一種不怎麼善巧的給予是迴避苦受的饋贈。例如，某個家族捐款，是爲了讓公園或公共建築物以其去世親人之名而命名，這樣的捐獻可能只是將對其親人的執著，轉移爲不朽遺址的概念。眞正的布施不只放捨財富或資產，更要捨棄對過世者，以及對悲傷或憤怒感受的執著。我曾認識一對富有的夫妻，他們在痛失獨子後捐出擁有的一切。雖然展現捐錢的義行，但他們其實是因憤怒而給予，想藉由懲罰自己來緩解悲痛的感受。寺院與慈善團體可能因這筆饋贈而獲益匪淺，但布施者則沒有完全受益。另一方面，人們可能爲了把悲傷化爲仁愛與慈悲的想法而奉獻，這種布施就是善巧的，且有療癒的功效。

最好的布施是不求任何回報，甚至連感謝也不需要，我們是在了知內心本自具足一切安樂之下而給予。這種布施是被完全而非減損的心態所推動，不具名付出，不知受贈者是誰，是極好的布施方式。默默付出，不大肆宣揚，能減輕貪欲，且降低我們對所擁有事物的執著。

物質布施的最高形式是冒著生命危險援助他人，有次我在電視新聞上看過某個人在一場可怕的意外後如此做。在一九八三年某個寒冷的冬日，一架從華盛頓特區飛往佛羅里達州的飛機，因雙翼積雪過厚而無法拉高，結果撞上第十四街橋。多數機上人員死亡，許多人掉入被冰雪覆蓋的波多馬克河（Potomac River），撞穿冰塊跌入冰水中。

在一個地方，人們浮出水面爬上破冰，一架救難直升機接近，並把繩索拋到某位男士伸手可及之處。但他並未抓住它以挽救自己的性命，而是幫助一位女士抓住繩子，她被載往安全地點。直升機返回，這位男士雖渾身冰冷，但他再次把繩索交給另一位女士，她也安全獲救。當直升機第三度返回時，他已凍死了。

但要修習布施，我們無須一個英勇表現的機會，也無須很多財富，只需要願意付出自己，即使以微小的方式。例如，可抱持那個想法，花時間陪伴人們，幫助他們克服寂寞。更好的是，可和他們分享所學到的佛陀之道，以及所知道的正念與禪修法，幫助他們克服不圓滿苦。

放捨對人、經驗與信念的執著

我們將逐漸發現，痛苦來自於執著任何一種事物——色、受、想、行、識。放捨對人、經驗與信念的執著，比物質的布施更困難，但它對追求究竟安樂卻更重要。

執著色身有兩個面向，最明顯的是執著生命中的其他人。執著和關愛不同，和關心某人幸福且希望其快樂不同，而是一種嫉妒或瘋狂的占有欲，想要擁有另一個人。我們不難想到夫妻嘗試擁有彼此，或性格跋扈與具占有欲的朋友扼殺友誼的例子。在人際關係中修習布施，意味著信任對方，並給他或她保有空間、自由與尊嚴的權利。

然而，即使良好的關係也可能有執著的元素。所有快樂的配偶都希望他們的婚姻能持續，其中總是潛存著恐懼的元素。「他會離開。」「她會死。」想到這點可能很難受，但我們必須謹記一點，每一對婚姻無論多麼快樂，終必以分離收場。即使一起居住五十年且一起辭世的幸福配偶，在死亡時也必須分開，根據過去所造的業分道揚鑣。

對身體更微細的執著是對色身的貪愛，以及相信自己能控制它。無論現在身體多健壯，我們知道它會隨著年紀衰敗，變得虛弱與病懨懨。此外，我們無法控制身體的狀況，以及下一個感受是快樂或痛苦，也無法控制思緒之流湧進內心。例如，試著別想狗的形象，辦得到嗎？我們甚至連這個也無法控制。

我們嘗試增大概念與形象，牢牢繫住我的房子、車子、工作、伴侶、身體，就好像它們是我們可依賴的獨立存在體，藉此以保護自己免於受到經常變化的突擊。其實維繫它們的最底層是恐懼，無論我們抓得多緊，時間一到，世間的一切事物依然流轉與變化。我們緊握不放的概念與形象，將會像玻璃般粉碎，那時我們將多麼痛苦啊！

擁有、貪取或執著任何東西將使生命更痛苦，使用物資而不執著，有助於我們在它失去、毀損或被偷時免於心碎。此外，執著家庭、朋友或個人身分的意識——我的頭銜、職業、家庭背景、社會地位，當這些概念消失時，無可避免地將帶來痛苦。當不執著時，心始終處於安穩中，這個放鬆的態度撫慰我們，使我們感到舒適，並減少壓力、焦慮、擔心與恐懼。

培養不執著的態度，首先需花一定的時間獨處。許多人因害怕孤單，而執著同伴的經驗，但獨處並非孤單寂寞。此外，獨處爲我們創造思考、反省與禪修的空間，使心遠離喧囂與貪著。經由獨自修習正念與禪修，以減少貪、瞋、癡，我們便加強了和別人在一起而不執著的能力。當內心處於安穩時，我們可以有同伴，但無貪著與隨之而來的痛苦。

佛陀每天和身邊數千名比丘、比丘尼與在家人一起步行數哩，有些人來和他同住，或談話，或和他討論他們的問題，有些人或來請教，或來爭論，或只是單純前來聽開示。即使在群眾中，佛陀內心始終保持閒居獨處，他不貪著的態度是完全的。偶爾，有些追隨佛陀的比丘、比丘尼與在家弟子們在森林中獨處，完成他們不貪著的修行。但他們不會永遠住在森林中，一旦斷除貪著，便學習維持堅定與安穩的心和其他人同住。

那種心態稱爲「出離」。出離不只是針對比丘與比丘尼，而是針對任何喜好獨處或嚮往無拘無束生活者所說。所有出離者，包括比丘與比丘尼在內，都有與人同住的時候。正思惟隨念有助於我們創造穩定的心，而不受外在環境或其他人的變數干擾。我們學習如佛陀般，始終保持內心出離。

斷執還需要我們出離對於信仰、見解與觀念的愛著。這點很困難，我們很容易藉由思考各種議題，而導出定位自己的自我意識。在別人批評自己所支持的政治候選人或公共政策主張時，我們經常陷入身分認同的困境，感覺自己遭到攻擊。但觀念、意見或看法也同樣受制於無常的法則，回想你十六歲或三十歲時相信什麼，就會了解個人的信念有多麼善變。

綜觀歷史上世界各地的人們，無不以所珍愛的主張或信仰爲名而開戰。人類爲了保護自己的物質財產而殺戮的人數，遠不如爲了保護不善的信仰，諸如種族或宗教偏見所做。想想導致戰爭的偏執信仰，且自問是否值得爲了保護它們，而付出戰爭的可怕代價。

放捨不善的身、口、意行，爲我們創造修習慈、悲、喜、捨等善念的空間，但連這些善念也不應執著，放捨需要超越善、惡兩端。最後，佛陀告訴我們，連他的教法也應拋開。「這些法就如舟筏，一旦過河之後就應捨棄。連這些教法所生之善法猶應捨棄，更何況那些惡法呢？」（M 22）

我不是說你們突然間就能捨棄這些執著，或一夜之間就能解脫，追求「頓悟」可能只是自我的一個大夢。在我旅行與教學的過程中，有時人們來找我，說他們已快速開悟，我引用佛陀描述證悟者的特質做爲回應。由於他們並無這些特質，所以有時變得非常失望，或甚至對我發怒，因為我的回答無法取悅他們的自我。

貪愛深植於我們的心底，且在許多世中不斷增強，不可能快速或輕易地捨棄它。然而，我們無須等很多世才能開始，只要有正確的知見、耐心、精進與正念，就能開始讓自己解脫束縛，甚至在這一世便達到完全覺悟。為了離苦得樂，必須今天便開始培養放捨貪愛的正思惟，代之以無私的布施、柔軟與離欲。

放捨恐懼

當我們開始練習「放捨」的正念時，經常會卡在恐懼上。恐懼的生起是因對概念、觀念、感受或物質等，包括自己的身體，有不安全、情緒化或貪愛的執著，它也可能是因接觸到一些不了解或後果不明的事物所造成。

例如，你最近被告知罹患癌症，被排定動手術，之後醫生會決定是否需要更進一步治療。現在你嘗試禪修，心裡閃過許多念頭，思想與感受輾轉累積，你變得愈來愈不安、沮喪與非常害怕。你應該怎麼辦？

你坐禪觀察每個心理狀態生起，若許多想法與感受瞬間湧現，嘗試分辨它們：「我會發生什麼事？」——恐懼。「護士竟敢對我那麼說！」——憤怒。「他們需要我！我不能生病！我不能死！」——貪著。「這個診斷和我朋友的相同，他的妻子和我談起他時都還會哭。」——

悲傷。「我恨打針！」——憎惡。「誰該和我一起去赴下一個約會呢？」——不安與憂慮。「這個疾病的存活率有多高呢？」——恐懼。

當你開始釐清它們時，思想與感受變得更容易控制，你停止陷入心所構想的駭人故事中，且能開始理性地對待自己。你能為心帶來慰藉——醫生與護士們的技巧與同情；最近治療過程的進步；你所認識相同診斷者依然活得很好。

當對治餵食恐懼的概念時，你是在積極修習正念。你會看見心如何玩弄自己，利用思想製造恐懼，恐懼又創造出更多思想。這可能也是個自省的好機會，你可檢視自己過去因恐懼，而以不善巧的方式表現的行為。你可下定決心保持正念，不讓恐懼在未來以同樣的方式驅使你那樣表現。

現在心既平靜又澄澈，你可重新回到入出息念或其他禪修對象上。接受恐懼的念頭不時會在禪修中生起的事實，隨著經驗的累積，你能忽略它們的特殊內容，而只直視一切思想與感受的變化。你看見每個心境生起與達到高峰，無論它有多強烈，你若一直與它同在——就好像它是想要牽著你的手通過一個困難經驗的朋友——你也將看見每個心境消失。現在注意的是思想過程本身，你愈來愈有信心，無論思想的串列有多麼可怕，它終會結束。

一旦徹底熬過強烈的恐懼，你將不再以同樣的方式看待恐懼。你將了解恐懼只是來來去去的自然心態，它沒有實體，無法傷害你。你對於恐懼的態度開始軟化，知道無論任何事物生起，都能觀察它並放捨它。

同樣的策略，對於令人不愉快的心態，包括回憶、想像、白日夢或面對問題的憂慮也有效。有時你會害怕討厭的回憶，因認爲自己無法處理它們，但現在你知道自己能處理通常只想壓抑的任何心態。

正念修行告訴你，並非心理狀態本身讓你不舒服，而是你對待它們的態度。你可能以爲它們是自己性格的一部分，是你存在的一部分，因此嘗試排斥令人不悅的部分，就好像它們是外來的身體。但你無法眞的排斥它們任何一個，因爲它們打從一開始就不屬於你。你最好的反應是，維持穩定地練習觀察心，對出現的任何事別有貪愛或憎惡的反應，而能善巧地使心解脫不善的狀態。

慈愛

當放捨負面的心態時，你創造了修習正面思想的心理空間。正思惟的意思是，將憤怒或敵對的想法換成慈愛的念頭。「慈」（metta）是本能，它是同情的暖流，與一切眾生休戚與共的意識。因我們想要安穩、快樂與喜悅，所以知道一切眾生一定也想要如此。慈遍及世間，希望一切眾生都能享受舒適的生活，活在和諧、相互欣賞與豐足中。

雖然我們內心都有慈愛的種子，但一定要努力培植它。當我們頑固、煩躁、緊張、焦慮，充滿憂愁與恐懼時，我們慈愛的本能將無法發揮。我們必須學習放鬆，才能滋養慈愛的種子。在平靜的心境下，例如從正念禪所獲得的，我們可以忘記過去與人的嫌隙，並原諒他們的過錯、缺點與攻訐，慈愛自然會在我們心中滋長。

就布施而言，慈愛始於一個念頭。典型的情況是，我們心中充滿觀點、意見、信仰與概念，過去一直受文化、傳統、教育、社會與經驗所制約，從這些心理條件發展出了偏見與成見，這些固執的觀念扼殺了我們自然的慈心。然而，在這個令人困惑的思想牽絆中，我們和人休戚與共的想法仍會不時地浮現。我們對它驚鴻一瞥，就好像在一陣閃電中瞥見一棵樹。隨著學習放鬆與放捨不善法，我們開始認出自己的偏私，且不讓它們宰制心。然後慈念開始發光，顯露它的眞實力量與美麗。

我們想培養的「慈」，並非通常了解的「愛」。當你說愛某人時，心中懷藏的通常是受其行爲或特質制約的感情。也許你仰慕那個人的外表、舉止、想法、聲音或態度，一旦這些條件改變，或你的品味、幻想與愛好改變，愛也可能隨之改變。在極端的情況中，你所稱的愛甚至可能轉變爲恨。這個愛、恨雙重性，遍及我們一切尋常情愛的感受。你因愛一個人，而恨另一個人；或隨著一時的好惡而愛與恨；或在一切順利美好時愛，而在有事出錯時恨。

若愛是像這樣會隨著時間、地點與場合而改變，那麼你所稱的愛並非慈的善念。它可能是色欲、貪圖物質上的安全感、感受被愛的欲求，或其他一些僞裝的貪欲形式。眞正的慈並無隱匿的動機，它永遠不會隨著環境改變而變成恨，不會因得不到回報而令你憤怒。慈促使你隨時都對一切眾生表現和善，且在人前人後都溫柔地說話。

一旦完全成熟，你的慈網會毫無例外地擁抱宇宙中的一切事物。它無量與無邊，你的慈念不只包括此刻存在的一切眾生，還會希望他們在無限的未來都很快樂，沒有任何分別或偏袒。

我來說一個故事，關於慈愛之行可能產生的強大與深遠的影響：

在印度一間小屋中住著某位老婦人與年輕女兒，附近一間茅篷中住著一位禪修比丘。出於尊敬，老婦人稱這位比丘爲她的兒子，且要求女兒待他如兄長。每天早晨，這位比丘都會去村裡托缽乞食，他從來都不會忘記停在小屋前，取得這位老婦人與其女兒虔敬奉上的少量食物。每天下午，他則返回村裡探視施主們，鼓勵他們禪修並安穩地生活。

一天下午在回村的路上，比丘無意間聽到老婦人與女兒的對話。老婦人對女兒說：「親愛的，明天妳哥哥會來我們家乞食。這是乳酪，這是蜂蜜，這是米，這是香料，這是蔬菜。明天妳一定要爲他準備一頓美食。」

女兒問母親：「明天妳要去哪裡？」

「我打算整天在森林裡獨自禪修。」

「但妳吃什麼？」

「我會用今天的剩飯做一點米湯，那對我來說就夠了。但妳一定要做一頓盛餐給妳哥哥，並在他來我們家時供養他。」

聽到這番談話，比丘心想：「這位老婦人如此敬重與愛護我，她命令女兒為我做美食，而自己卻打算只喝由剩飯做成的米湯。除非完全覺悟，否則我承擔不起那份美食。我一定要讓自己配得上她慈愛的布施，這正是我發起無間精進，以解脫內心一切煩惱的時機。」

比丘掛起上衣，決定除非達到究竟心解脫，否則便不再去村裡乞食。他在禪座上坐下來，下定決心：「即使我的血液枯竭，皮肉凋萎，身軀僅剩枯骨，未達究竟解脫，我絕不從此座起身。」

發願後，比丘整個下午、夜晚與隔天早晨大半時間都在禪修。就在前往乞食之前，他達到覺悟。

然後，他搭衣、持缽前往村莊乞食。當他來到小屋時，老婦人的女兒供養他美食。少女焦急地等待母親從她的一日禪返家。那晚，她母親一抵家門，女兒便奔向她並說：「母親，我從未看過我們的比丘如此安詳、沉穩、光明、平靜與莊嚴。」

「親愛的，他一定已經達到真正的自由，解脫一切煩惱。我們非常幸運有如此一位離家如此近的聖比丘。但若真的尊敬他，我們一定要追隨他的腳步。從現在起，讓我們更精進修禪，使自己也能達到相同的境界。」

所以，母女倆便禪修直到也達到更高的果位為止。許多村民效法她們的例子，也紛紛證得聖果。這便是老婦人慈心深遠的影響。（MA i 225）

愛你的敵人

有些人質疑，怎麼可能把慈愛的感覺延伸到敵人身上，質疑自己怎麼可能眞誠地說：「願我的敵人幸福、快樂與平安；願他們沒有任何困難或問題。」

這問題是因錯誤的思惟而生起，唯有心中充滿困惑者，才會表現冒犯或傷害我們的行爲，我們稱那樣的人爲「敵人」。但事實上，沒有「敵人」這種人，是煩惱造成我們困擾。正念爲我們指出，心的狀態並非永恆的，它們是短暫、可改正與可調整的。

具體而言，對於確保自身平安、快樂的最佳作法是，幫助敵人解決他們的問題。若所有的敵人都無痛苦、不滿、苦惱、恐慌、偏執、壓力與焦慮，他們將不再有理由成爲我的敵人。一旦無煩惱，敵人就像其他任何人一樣，是個大好人。

我們可對任何人修慈，包括父母、師長、親戚、朋友、不友善的人、陌生人與造成我們困擾的人，修慈的對象不一定得是自己認識或親近的人。事實上，有時對不認識的人反而更容易。爲什麼？因爲若不認識他們，我們可以對所有人一視同仁，可以視宇宙蒼生爲空中的光點，並希望他們都快樂與平安。雖然願眾生都能得到慈心利益的希望不見得能成眞，但培養這樣的心願是一種善巧的思惟，能使我們的心充滿滿足與喜悅。

若每個人都抱著願所有人都能得到慈心利益的想法，我們就能享有世界和平。世上有六十億人口，每個人都發起這個願望，那麼還有誰心懷瞋恨？世上將不再有對抗與爭鬥。一切行爲皆來自於思想，若思想不純淨，那麼緊接思想而來的行為，就會是不淨與有害的，反之亦然。正如佛陀所說，慈的淨念比恨、武器更有力量。武器會破壞，而慈則幫助眾生平安與和諧地生活。你認為哪一個更持久與更有力量呢？

處理憤怒

慈的主要障礙是憤怒。當憤怒與瞋恨暴增時，心中便容不下對自己與別人的友善感覺，也容不下輕鬆或和平。

我們每個人都以自己的方式反應憤怒。有些人嘗試為憤怒感辯護，一再對自己說：「我有完全的理由憤怒。」有些人長時間抓著憤怒不放，甚至經年累月，他們覺得憤怒使自己變得非常特殊且正當。還有些人以牙還牙，抨擊對他們發怒的人。無論你如何反應，可確定的一件事是：最後你的憤怒傷害你，將比傷害你氣憤的對象更為嚴重。

你注意到當憤怒時感覺如何嗎？你有感到緊張、胸痛、胃灼熱、視力模糊嗎？你的思緒變得不清，或話轉為尖銳與不悅嗎？醫師們說憤怒的這些常見反應，對健康有嚴重的影響——高血壓、噩夢、失眠、胃潰瘍，甚至心臟病，對心情的傷害同樣嚴重。一言以蔽之，憤怒讓我們感到痛苦。

憤怒也破壞我們的關係，難道你不是總想避開憤怒的人嗎？同樣地，當你發怒時，人們也避開你，沒有人想跟氣呼呼的人相處。憤怒的人可能是不理性的，甚至是危險的。

此外，憤怒經常並非傷害它所指向的人，在多數的例子中，你對侮辱自己者的憤怒一點也傷害不到那個人。尤有甚者，面紅耳赤的人是你，是你在叫囂與作秀，是你看來可笑並感到痛苦。習慣性的惡意與憎恨態度，會反過頭來傷害你的健康、關係、生計與未來，你甚至可能親身經歷自己咒罵對手的內容。

既然憤怒會傷害我們的事實如此明確，我們能拿它怎麼辦？如何放捨憤怒代之以慈愛呢？

在處理憤怒時，我們必須先下定決心，克制自己不可在憤怒的衝動下行動。每次想到克制，我就想起叔叔的象。我年幼時，叔叔有頭又大又漂亮的象。我的朋友和我常喜歡戲弄牠，我們會對牠丟石頭，直到牠對我們發怒爲止。這頭象非常巨大，牠能輕易地踩扁我們，但牠的作法很特別。

有次我們對牠丟石頭，牠便用鼻子抓起一根鉛筆大小的樹枝，然後用它打我們的屁股。牠表現出高度的自制力，爲使我們尊重牠，牠只點到爲止。過了幾天之後，牠對我們心懷怨恨，不讓我們騎牠。叔叔叫我們把牠帶往大河，我們用椰子殼刷牠的皮膚，牠舒服地浸在冷水裡。從此之後，牠完全放捨對我們的憤怒。現在我常告訴學生們，當你理直氣壯地爲憤怒的暴行辯護時，想想我叔叔那頭溫柔大象所表現的節制反應。

另一個處理憤怒的方式是想想它的後果。大家都清楚知道，當憤怒時，我們無法看清眞相，結果是可能因此犯下許多惡行。我們前面已學過，過去的業行是我們唯一眞正擁有的事物，未來的生命是由今日的業行所決定，就如現在的生命是繼承先前的業行一般。在憤怒影響下所造的業行，不可能導致快樂的未來。

憤怒感受的最佳解藥是安忍。安忍的意思不是讓別人踩在你的頭上，而是以正念爭取時間，以便能正確地行動。當以安忍反應挑釁時，我們在恰當的時間，以恰當的語調說眞實語。我們使用柔和、親切與合宜的語言，就如在對小孩或親愛的朋友說話，以避免他做出傷害自己或他人的行爲。雖然你可能提高音量，但這並不表示你憤怒。反之，你是在善巧地保護你所關心的人。

有則著名的故事，說明佛陀面對憤怒者時的安忍與智謀：

從前有個婆羅門，具有崇高的地位與權力。這個婆羅門習慣於發怒，甚至沒有任何理由。他和所有人吵架，若有人被冤枉卻不生氣，這個婆羅門會爲那人不生氣而憤怒。婆羅門聽說佛陀從來不生氣。有天便去找佛陀，並以惡毒的話辱罵他。佛陀悲憫與安忍地聆聽，然後他問婆羅門：「你有任何家人、朋友或親戚嗎？」

「有啊！我有許多親戚與朋友。」婆羅門回答。

「你偶爾會去拜訪他們嗎？」佛陀問。

「當然，我常去拜訪他們。」

「你拜訪他們時會帶禮物去嗎？」

「會啊！我從不曾空手去看他們。」婆羅門說。

佛陀問：「當你給他們禮物時，假如他們不接受，你會怎麼處理這些禮物？」

「我會把它們帶回家，和我的家人一起享用。」婆羅門回答。

佛陀接著便說：「同樣地，朋友，你給我的禮物我不接受。那都是你的，把它帶回去和你的家人一起享用吧！」

這個人尷尬不已，他了解並誇讚佛陀的慈悲建議。（S I.7.1[2]）

最後，爲了克服憤怒，你可以想想慈心的利益。根據佛陀的說法，當修慈時，你「舒適地睡覺，舒適地醒來，且做甜美的夢。對於人與非人來說，你都是可親近的。天神守護你。（若你充滿慈心，在那一刻）大火、毒藥與武器都傷害不了你。你輕易地入定。你的面容安詳。你無惑地死亡……並轉生至最高天界。」（A V [Elevens]II .5）這些前景，豈不比憤怒所帶來的痛苦、傷害健康與惡意的結果，更讓人喜歡嗎？

隨著對心理狀態的覺察力增加，當正要發怒時，你將愈來愈快認清它。此時，憤怒的念頭一生起，你便能開始運用安忍與正念的解藥。你也應把握每個打消憤怒行動的機會，若在憤怒之下，對某人鹵莽地說話或做事，衝動一過，應考慮向那人道歉，即使你認爲對方所犯的錯誤或作法，卑劣更甚於自己。花幾分鐘，向你所冒犯的人道歉，將對你們兩人都產生極佳與立即的紓解。

以同樣的精神，若看見某人對你發怒，你可趨近那人，以輕鬆的方式說話，嘗試找出憤怒的原因。你可以說：「我很難過你對我生氣，我一點也不生氣。也許我們可盡釋前嫌，友好相處。」你也可以送生氣的對方一份禮物，禮物能緩和氣氛，化敵爲友。禮物能把憤怒的話，轉化爲親切的語言，把粗魯轉化爲溫柔。

在此有幾個實際步驟能對治憤怒：

- 盡快察覺你的憤怒。
- 覺知你的憤怒，並感受它的強度。
- 謹記個性太急躁很危險。
- 切記憤怒的苦果。
- 練習自制。
- 了解憤怒與它的因是無常的。
- 回想佛陀對婆羅門安忍的例子。
- 改變你的態度爲助人與仁慈的。
- 藉由給予禮物或其他好處，改變你和憤怒對象的氣氛。
- 記得修慈的利益。
- 記得人總有一天會死，以及我們不想抱怨或含恨以終。

悲憫

「悲」是佛陀鼓勵我們培養的第三種正思惟，是指對於別人的痛苦感同身受。它是自發與正面的反應，由衷希望減輕別人的痛苦。

悲需要一個對象。爲了修悲，你必須回想親身經歷過的痛苦，注意別人的痛苦，然後直覺地將別人的苦難聯想成是自己的。例如，假設你聽到有小孩遭到鞭打或虐待，也許它令你想起自己遭到虐待時的痛苦感受，因此對這小孩的痛苦感同身受，而打從心底祈求：「願這種痛苦不會發生在世間任何人身上，希望沒有小孩受到我所曾受過的虐待之苦。」或當某人生病時，回想疾病如何令你不悅與痛苦，因此希望別再有人受到同樣的痛苦與煎熬。或想起和心愛的人分開時的心碎感受，這回憶使你對任何因死亡、距離或拒絕，而和所愛的人分開者，心生悲憫，因而不希望再有人經歷那種痛苦。

慈與悲相互爲用。當充滿慈心時，你的心胸開放，且內心清明到足以看見別人的痛苦。例如，某人以勢利與輕蔑的方式對待你，慈愛的態度將幫助你看出這個惡行，必然是因某些問題或此人所經歷的內心傷害所引起。由於你的生活中也曾爲問題所苦，所以悲心油然而生，你自忖：「這個人一定很痛苦，我能怎麼幫忙？若我生氣或沮喪，那我將無法提供任何幫助，甚至可能加劇他的問題。」你自信若持續以慈愛與友善的方式行動，他也許將立即得益，否則最後亦將獲益。也許一段時間之後，他會佩服你竟然能在挑釁之下依然維持慈愛，且劍及履及地奉行對別人的友善方式。

在以下的大乘傳說中，那些踐行佛道者的悲心是非比尋常的：

有一次，一位修習悲心禪的比丘想要累積足夠的福報，以親眼目睹彌勒佛慈氏。比丘的修行已使心非常柔軟，不會傷害任何眾生。

有一天，他看見一隻狗躺在路邊痛苦地呻吟，這隻可憐動物的爛瘡上爬滿蛆。比丘跪在這隻狗前，第一個想法是撥開狗兒傷口上的蛆。但接著他想：「若我用樹枝移動這些蟲，可能會傷害牠們。若我用手指，又可能捏死牠們，因爲牠們非常脆弱。若我把牠們移到地上，牠們則可能被踩死。」

於是他知道該如何做。他從自己的大腿割下一塊肉擺在地上，然後跪下來伸出舌頭去舔狗兒身上的蛆，並把牠們移到自己的肉上。

就在他如此做時，這隻狗瞬間化身爲彌勒佛慈氏。

我們可能認爲自己是慈悲的人，但慈悲的程度根本無法與此相比！痛苦圍繞著我們。我們每天都有許多機會修習悲心，但經常發現它很困難。爲什麼？答案是那個痛苦——即使是別人的——是難以承受的。爲了迴避它，我們轉身離開，關起門來，讓自己緊繃與僵硬。修習正念，幫助我們放鬆並軟化生命呈現的一切。當我們讓自己的心變柔軟，且保持心胸開放時，悲心就會源源不絕地湧現。

在生活中爲人修悲一定很有挑戰性，但它對我們現在與未來的快樂很重要。父母、伴侶與子女需要我們的悲憫，我們也需要對自己悲憫。

悲憫自己

你們有些人或許會質疑爲何要對自己修悲。你們可能會說：「關心自己是自私，我的需求不重要，眞正的修行是悲憫別人。」這句話很動聽，但你很可能是在欺騙自己。當你仔細觀察心時，會發現在這世上你最關心的還是自己。

這並沒有什麼錯。事實上，悲憫自己是對別人修悲的基礎。誠如佛陀所說：「以我的心遍察世間，我找不到比自己更親密的人。由於自己比任何人都更親密，因此推己及人，愛自己的人絕不應傷害別人。」（Ud V.1）

我們誤以爲對自己嚴苛或貶抑自己，是更有教養或「更崇高」的。佛陀透過自己的經驗發現自虐無法導致覺悟，我們當然確實需要修習自制，但應是出於自身最佳利益而決定如此做。平心而論，寬容與溫和的自律，其實是修習悲憫自己的一個面向。

此外，少了悲憫自己的基礎，將無法眞正對他人修習悲心。若我們出於貶抑個人，或相信自己不如他人重要，而嘗試表現悲憫，那麼我們行爲的眞正動力是討厭自己，而非悲憫他人。

同樣地，若出於優越感而對他人提供幫助，我們的行爲很可能其實是由傲慢所推動。如我們前面所見，眞正的悲憫是來自有切身痛苦感受的柔軟心，然後才能反映別人的痛苦。悲憫自己是建立在自愛、自重的健全基礎上，它激發我們眞誠地伸出援手。

對於這種激發，消防隊員做了一個最好的示範。他們以英勇著稱，願意冒生命危險拯救身陷火場裡的人，然而他們絕非刻意犧牲自己。他們不會貿然衝進火裡，赤手空拳地去面對險境。反之，他們會做好一切預防措施，穿戴安全帽與重裝備，審愼計畫，靠著判斷與技巧去決定救人，但不損及自己的最佳策略。同樣地，我們先做到對自己慈愛與悲憫，盡可能地淨化自己的動機，並讓心愈來愈清淨與光明。如此一來，就可以有效地幫助別人，同時也提升自己的心靈層次。

事實上，心中的自他區別比我們所了解的更模糊。我們習慣以何種態度對待自己，就會如何對待別人；習慣以何種態度對待別人，就會如何對待自己。這情況就像是和別人共享同一個碗裡的食物，每個人到頭來吃的都是同樣的東西。因此，一定要仔細檢視我們端出的是什麼東西。

在坐禪的過程中，當修行不順利或出錯時，應檢查我們是如何對待自己與別人。我們的反應是責怪或寬恕？焦慮或鎭定？粗魯或溫和？耐心或暴怒？

雖然注意自己的過失，感受它們的後果，並承諾改進很重要，但自責與其他苛刻的作法則無意義。沒有人會在受到責罵後感到平靜，通常會退縮且變得憤怒、自衛或頑固。例如，試想某人正在努力減肥，若有一天未做例行運動，爲了那個疏忽而咒罵自己：「你這個癡肥的懶惰鬼，你永遠都無法改變！」你想他明天還會做訓練嗎？愚癡的心是冥頑不化的，是無知與痛苦的，我們因此才會做後悔的事。記得我們是因爲自己的痛苦而犯錯，有助於我們將悲心延伸到自己身上，而非苛責與自虐。

以慈悲的態度從事禪修與實踐佛道尤其重要。我們修習佛陀的八聖道是爲了減輕痛苦，若因對修行抱持嚴苛或評斷的態度，而增加自己的負擔，無疑地可能很快便陷入更大的痛苦中，甚至可能被迫放棄。

西方學生似乎特別容易陷入這個心理陷阱。從我的東方觀點看來，他們經常顯得野心勃勃，刻不容緩，充滿企圖心且無安全感。當一開始禪修並發現心的潑猴本性時，便嘗試立即控制它。他們壓制心，並想單憑意志力來驅使它，但心不聽任何人的命令，於是經常因而覺得受挫，並苛刻與嚴厲地對待自己。同樣的事情，也可能發生在經驗豐富的學生身上，他們因未能達到精神目標而感到失望。記得觀看心與控制心不同，這對於所有佛教行者來說很重要。以溫和與開放的態度觀看心，讓心得以安定與歇息，嘗試控制心或控制修行呈現的方式，只會激起更多的不安與痛苦。

我們可開放並調柔自己的心。在禪修中，任何生起的事都不是失敗的徵象，只有失於觀看一事。若妄念生起與持續，我們不應抗拒它們或痛責自己。反之，應平靜與悲憫地運用正精進，去克服它們並提振心。

沒有一個人是特別地壞，世上每個人都有同樣的問題。所有未覺悟者都會有貪欲、瞋恚、嫉妒、驕傲、壞日子、失望與不耐煩。當養成習慣以悲憫面對心的諸多改變時，心便可以放鬆。此時，我們能看得更清楚，並且持續增長正見。

悲憫父母

我們許多人對父母有著冷漠與刻薄的感覺，有些人無法原諒童年時受到的對待。兒童虐待與其他傷害的行爲，都可能造成我們難過與痛苦。這些惡行無法被原諒，它們也不該被輕易遺忘。他們做過的事永遠無法挽回，但我們此刻的作法，卻可能影響自己當前與未來的快樂。

培養悲心的方式之一是，想想父母生你與養育你經歷了多少痛苦。佛陀說，即使你餘生都肩負父母，一邊一個，關心他們的一切需求，你仍無法回報他們對你的付出，他們日日夜夜、經年累月犧牲睡眠、舒適、食物、時間與精力。想想一個完全無助的嬰兒，他的需索有多少？想想父母嘗試保護你時所曾經歷的恐懼，他們如何在你生病時養育你，並擔心你的麻煩事。別以困惑的方式責怪他們，想想他們困惑的心，在拉拔小孩長大時帶給他們的煎熬。想想他們要掙脫由貪、瞋、癡所激發起的癮頭，以及其他毀滅性的行爲，有多麼困難。

然後想想，撫養你長大的父母和現在所知道的父母是不同的。時光流逝，無常改變每個人，你的父母已變老，可能已調柔或生起更大的智慧。你也已成熟，別停滯在童年的關係中。

父母日漸老衰，你甚至可能得轉換角色，提供他們物質、情感與精神上的資助。關心父母的需求可能打開你的悲憫之心，即使父母除了給你生命與無盡的痛苦之外，什麼也沒給你，你至少可爲他們難過，並希望他們快樂：「願我能幫助父母有顆更好的心。」悲是無量與無邊的。

悲憫子女

當你在撫養子女時，要在生活中維持平衡可能加倍困難。以平衡的方式養育小孩，可被比喻爲離地走五百呎的鋼索。一方面，以嚴厲與強硬的方式對待子女，可能造成他們持久的敵意。另一方面，不給他們規矩與紀律感，孩子可能會不曉得他們行爲的界限與後果。

若孩子被以人道的方式尊重，從小就受到疼愛、教導、訓練與關懷，長大之後就會成爲負責、關愛與仁慈的人。在你去世之後，孩子會擔負起他們的世間責任，能爲你、其他家庭成員、社會與全世界，帶來平安與快樂。

但身爲父母的都知道，孩子可能讓最有耐心的人也受不了。當發現自己在和他們對抗時，別讓自己心中失去無私的立場。放捨你對事物的堅持，更努力去了解孩子的觀點、他們的需要、恐懼與關心的事。當更能體會他們爲何抗爭時，你自然會流露出悲心。在悲憫的心態下，你的行爲總會帶著親切與柔和的基調，那對於化解困境非常有用，無論對方是小孩或成人。

若你對子女缺乏悲心，幸好你還可培養它，它只需要練習。人們不是生來就知道如何撫養子女，才能讓他們成爲健康、負責與有愛心的人。若你是爲人父母者，那麼盡量學習以健全的方式撫養子女，而非教導他們貪、瞋、癡，這是義不容辭的事。那些不良的影響早已充斥在世上，最重要的是，當教導子女放捨、慈愛與悲憫時，你可以對他們表現悲憫。

悲憫伴侶

對伴侶修習悲憫需要慷慨與耐心。每個人都有不同的個人風格，有些人善於表達感情，很容易並經常哭或笑；有些人發現自己難以說出當下的感受，且從來都不哭。有些人在工作時最快樂，且喜愛長時工作；有些人則快速完成工作，並把時間花在閱讀、禪修或拜訪朋友上。這些風格並無對或錯，喜歡工作的伴侶和喜歡旅遊的伴侶同樣享受生活，兩者都想要避開痛苦，並盡可能地讓自己快樂，兩者都是善良與親切的人。把焦點放在伴侶好的特質上。

有時在爭執過後，你的心可能對伴侶冷酷，瞋念可能反覆纏繞心，放大自身的想法並批判伴侶的缺點。在悲心生起之前，你可能需要做一些艱難的心理功課。禪修時，你可回想自己身、口、意的不善行，確認自己一路走來的貪心、自私、瞋恨、嫉妒與驕傲。然後，以一顆開放的心，回顧這些行爲過去可能如何影響伴侶。無論伴侶做了什麼，若你充滿怨恨，那是自己的缺點。你執著什麼東西嗎？貪愛和眞正的愛大不相同。

若伴侶的情況令你無法忍受，且不能改進，那麼你也許必須結束它。果眞如此，就以慈愛的方式分手，承認自己的缺點，且祝福伴侶。爲何要以更多的瞋恨與責難傷害伴侶呢？

別比較自己的行爲和伴侶的行爲，或批評對方的行爲不對，這點非常重要。該做的是，把焦點放在自己的行爲上，並爲它們負責。想想從前直視伴侶雙眼時，看見你對伴侶造成的痛苦，提醒自己已造成所愛的這個人痛苦。若可承認自己的錯誤，看見自己的行爲是多麼有害，從而意識到應關懷伴侶的福祉，那麼悲憫與慈愛就會油然而生。

例如，你們在早上劇烈爭吵，後來伴侶回家，看來倔強與氣憤，眼光充滿戒心地望著你，看你是否生氣。但你已檢視過自己的過錯，並打開關愛與悲憫的泉源，因此你以柔和與溫暖的眼神回應伴侶。藉由你的悲心，你們兩人的關係乃得以癒合。

正思惟隨念

坐禪時，我們內心會浮現許多事物，可能聽到聲音，感覺癢，或想起各種事情，甚至可能短暫忘記自己正在禪修，正試著專注於呼吸，這很正常，它發生在每個人身上。當某件事使注意力偏離呼吸時，我們應短暫地檢視它，時間的長短只要足以察覺它的無常——生、住與滅——即可，然後重新回到呼吸上。

然而，有些思惟或心理狀態很難處理，需要特別注意，即每次失念時由貪、瞋、癡生起的妄念。若心迷失在妄念中，則智慧不顯，我們不只是浪費時間與自討苦吃，還強化了造成一切痛苦的習氣。我們必須立即克服妄念，在它們壓倒我們，變得根深柢固，且主宰禪修時段之前，迅速以正念制止它們。

有時只要藉由短暫注意妄念的無常性，它們便會消失；有時則必須費很大的勁，才能克服它們。關於這些不同的方式，我們留待討論「正精進」時再來檢視。一旦克服妄念，就重新回到呼吸上，此時禪定將稍微往上提升。若另一個妄念生起，則重複精進。每次克服一個妄念，禪定就更深一層。

最後，發現自己的禪定非常穩定，一切念頭都停止生起，我們可能得禪修很久才能達到這種禪定，或可能更快些。一旦達到深定，我們就能利用這強力的狀態，重新回到正念的修習上，再次檢視禪修對象。由於念頭已消失，我們檢視其他對象，諸如身體的感受或喜與捨等正面的心理特質。我們專注於禪修對象的無常與其他相關特質，就像以前一樣，但由於定力強大，觀慧將戲劇性地增長。只要強烈的禪定狀態持續，便無妄念來干擾禪修。

然而，除非我們達到那樣的禪定，否則在妄念生起時，一定要善巧地處理。在每回妄念出現時擒獲這些念頭，即使在禪修時段之外也是如此。正思惟隨念就是指這一切的努力。

克服妄念的方法之一，是檢視那個念頭的不利面，了解它如何降低心的品質，了解習慣性的負面思考如何造成生活中的困境。然後你可反其道而行，修習善念，例如悲憫的感受。這是藉由改變思考而檢視自己，以及改變生活的大好機會。

人們經常問我：「我如何才能把禪修融入日常生活中？」我經常以自己的問題回答：「你在蒲團上做什麼？只是把心專注於呼吸嗎？」若你是這麼做，那麼你有兩種不同的生活在進行：你在蒲團上的生活，以及每天的平常生活。

禪修中有更多的事情可做。各種在日常生活中製造問題的相同煩惱——貪欲、恐懼、憤怒、嫉妒、自我批評——都會在禪修中出現。當正念或定力跳脫時，它們可能在任何時刻以妄念的形式浮現。

首先，努力單純地捨棄那些念頭。如此做，一是爲了在此刻淨化內心，二是爲了訓練心養成自我淨化的習慣。儘管你盡了最大的努力，但念頭仍頑強地持續時，那是更密集修行的信號。此時你必須努力觀察這些念頭，並利用它們在生活中開發智慧。

例如，禪修時我迷失在對侮辱我的陌生人的瞋念中。我試過其他方法制止這些念頭，但都無效，因此我檢視它們。首先，我觀察這些念頭如何影響修行，它如何在身體中造成壓力，以及影響我的血壓，它如何對此人產生揮之不去的憎惡感。我了解到這些瞋念是不好的，因爲它們傷害我並嚴重影響我的心，使我甚至可能傷害他人。然後，也許我想到若別人知道我在想什麼，會有多麼尷尬，因此對這些念頭占滿心而感到慚愧。這種檢視，經常足以令心遠離煩惱。

一旦心是清淨的，我就能更深入檢視念頭，看看它們是如何造成的。我爲何在被侮辱後一直難過？我問自己在執著什麼，才會使這侮辱盤旋在心中？我也許會發現，原因是過去的某件事，根本和這次的侮辱無關。

然後我想：沒錯，這個人確實侮辱了我，但我做了什麼令他心煩的事？我太急或太貪心？太傲慢？也許我無意傷害，但我知道自己過去也曾如此惹人厭，讓我下次做得更好一點。如此反省不善巧的動機與行爲，我決心改進。一旦在衝突中看見自己那部分，我甚至可能對這人生起悲心，他如此痛苦，以致需要以侮辱回擊我。

這種自我反省是禪修的關鍵部分。在覺悟之前，佛陀自己就是如此修行，利用妄念做爲內觀與改過的工具。覺悟之前在森林中修行時，佛陀對自己說：「我有這個缺點，我過去曾那麼做。從現在起，我的行爲一定要有所不同。」

你也可以如此做。若想起有次曾粗魯地對一個孩子說話，並看見她眼中的傷害與迷惑，你可下定決心向她道歉，並在未來以更悲憫的方式說話。或若想起固執己見的一次對話，即使當時它們已被證明是錯誤的，你仍應下定決心下次要更優雅地捨棄執著。

若貪欲反覆生起，如想要冰淇淋或新光碟，你可利用這機會培養它的對手——布施。你可思惟：「我現在不需要那個，我可以捨棄這個欲望。」若你的觀點是寬宏與心胸開闊的，最後貪欲一定會消失，然後可認清自己的貪欲其實是卑微與自私的，藉由如此做，你逐漸了解渴愛的本質。在利用這個新的了解糾正思惟後，重新回到呼吸上。

當你的思惟已超出控制，且內心充滿痛苦、不安與焦慮時，另一個好的對策是利用自己的痛苦去培養悲憫的善念。看見心中的痛苦，你反思痛苦如何同樣影響別人：「這個現象並非我所獨有，每個人都經歷它，此時還有許多人的痛苦更甚於我。」

某個學生告訴我，有次他正感到極度沮喪。有天獨自走在公園裡，偶然看到一張舊報紙，他撿起它讀到一則故事。內容說某個人獨自走著，他因只有一隻鞋子而痛苦不堪。他一瘸一拐地前進，沒穿鞋子那隻腳又冷又痛，這個只有一隻鞋子的人經過一個只有一隻腳的人身旁。霎時間他的內心充滿感激：「啊，至少我還有兩隻腳！」這個人對自己說，且不再感到哀傷。讀到這則故事，我的學生對那些情況比自己還糟者心生悲憫，此時他的沮喪消失了。

不論何時，當悲傷、憤怒或心痛壓倒你時，都可使用類似的技巧。只要停下來問自己：「我為何要抱怨？我的心正在運作，具足所有感官。我有幸聽聞佛法，且有時間與地方可禪修。和世上許多人相比，我活得太奢侈了，幾百萬人沒有家、食物與希望。與其自憐自艾，不如讓我對這些人修習悲憫。」悲心安定與撫慰思想，如此一來，我們就能帶著更穩定與專注的心重新回到呼吸上。

這種訓練不只專用於正式的禪修，在坐禪中所做的，應延續到其他一切時刻。我們把正念的訓練帶入日常生活，並運用在一切環境中：公車上、工作中、感覺苦惱時，以及外出購物時。否則，花那麼多時間在蒲團上有什麼用？盡一切努力去避開或斬斷妄念，並鼓舞善念，就如在蒲團上所做的一般。在禪修之外以此種方式修行，是很有挑戰性的，因我們每天都有無數的機會，被感官印象的貪、瞋、癡等反應牽著走。

例如你去逛大賣場，看見櫥窗中一些誘人的商品，因為自制力薄弱，你無法將眼光移開。你進入商店檢視商品，覺得不買個一、兩樣就離開，好像很對不起自己。也許你當時並無現金，但有信用卡，於是挑了某樣東西購買。

要修習正思惟，你一定得停止這個過程，就如在蒲團上打坐認出妄念一樣。首先，整理與確認你的思想與感受，弄清楚是否貪欲、恐懼或不安驅使你去做不必要的追尋。然後規勸自己：「我想要平衡這張信用卡的支出，難道我眞的想要加深負債嗎？」

即使你有很多錢，保持思惟過程清淨無貪，還是很重要。問自己：「我需要這個東西嗎？或是爲了其他理由而買它？我只是想向人炫耀嗎？我不是已有類似的物品塵封在櫃子裡？」你還可以問：「這筆錢能做更好的利用嗎？是否能拿來幫助他人？」

若不確定自己的動機，也許因貪欲與需求交雜，或因欲望勢不可擋，問自己：「我能延遲購買嗎？能現在走開下星期再來嗎？能請店員爲我保留，讓我有冷靜與考慮的時間嗎？」這種理性的思惟，是善用在坐禪中練習的好習慣。

當遇到困難的挑戰時，這種訓練一定能幫助我們。有次我必須利用正思惟的修行，去克服眞實危險情況中的恐懼。

我收到母親的病危通知，在從華盛頓特區返回斯里蘭卡的途中，我在夏威夷改搭波音七四七。在從夏威夷起飛後一、兩個小時，我看窗外察覺飛機的引擎正冒出火焰，然後對講機傳來駕駛員的聲音，他宣布引擎著火，我們正在返航。他告訴空服員指導我們，若安全返回夏威夷應如何撤出飛機。

空服員請我們扣上安全帶安靜地坐好，當著陸時，地板燈會引導我們到八個緊急逃生門。

門會打開，緊急滑道會出現。我們應毫不遲疑地跳上滑道，滑下，並跑離飛機。

我懷疑有人聽得進這麼多指導，從駕駛宣布引擎著火那一刻起，機艙裡的每個人似乎都陷入死亡的恐懼中。有些人開始對自己畫十字架，夫妻們相互擁抱與親吻，其他人則哭泣或看來緊張與焦慮。

我心想：「若這是我的死期，那麼無論我害怕與否，反正我都會死。讓我保持內心清明。」首先，我憶念自己對死亡的了解。我想死亡是不可避免的，以及這會是死亡的好時機，因爲我已行善，且沒有什麼可後悔的事。然後思惟事情的可能順序：「若飛機很快地從三萬九千呎的高空墜落，我們將在飛機掉入海洋之前便失去意識。」在失去意識之前，我必須保持內心非常清明、純淨。這是我使用正念，去覺悟死亡是無可避免的一個機會，若我以純淨與清明的心平靜地死亡，來生會很光明。也許經由看見無常的實相，我會達到覺悟，一定不能讓恐懼或困惑障礙我的心。無論我對生命的執著有多強，現在一定得捨棄那個執著。在面對死亡時，我就如此努力地防止妄念生起，並鼓勵善法生起。

也許我只是嚇呆了所以不怕，但我一點也不感到恐懼。事實上，我還頗欣賞三萬九千呎高空上引擎冒出的火焰！火焰是藍、黃與紅的。你們很少看到這種藍火，它們有時噴湧而出，有時則很微弱，看起來很像煙火，或北極光。我在看戲，飛機上其他三百多人痛苦不堪，我偶爾看其他乘客，他們因想到即將死亡而痛不欲生，似乎在死亡之前就先死了！然而，我注意到小孩子似乎未受影響，他們仍和危機之前同樣嬉笑玩樂。我心想：「讓自己和他們一樣，保持赤子之心。」

我們真的成功地返回夏威夷，而飛機也緊急降落。我們依照指示走出逃生門，滑下滑道。對我來說，從滑道溜下來是個全新的經驗。也許飛機上其他人童年時至少都在遊戲場上玩過溜滑梯，但在我成長的貧窮村落，我從未做過這樣的事。因此，直到最後我都非常享受這一切。

正思惟隨念要點

如我們現在所見，踐行佛陀的聖道，需要在真實世界中修習八個步驟中的每一支。我們需要接受布施的受施者；需要朋友與敵人來激發慈心；需要痛苦的眾生來增長悲心。人類社會對於這些正思惟的要點，提供了一個完美的試驗場：

- 當正見增長時，正思惟便自然流露。
- 思惟能讓我們快樂或痛苦。
- 佛陀為我們指出三個正思惟：放捨或最高意義的布施、慈、悲。
- 從給予物質開始你布施的修行。
- 執著諸法——色、受、想、行、識——令我們不快樂。
- 當恐懼生起時，讓它增長，並看著它達到高峰與消退。
- 慈是一種與眾生互為一體的感覺，以及希望他們快樂的真摯心願，它有著深遠的影響。

- 你的憤怒最後傷害你，將更甚於你所憤怒的對象；採取行動對治你的憤怒。
- 正念能幫助減少並終而消除你的憤怒。
- 悲憫是自發的，對別人的痛苦感同身受，從而發願減輕他們的痛苦。
- 培養對自己、父母、子女與伴侶的悲心，將幫助你使心放鬆與調柔。
- 禪修期間妄想生起時，若只注意它們消逝的本質，它們可能便會消失。
- 若你盡了最大的努力，妄想依然川流不息，那是徹底探究它的信號——在你的生活習慣中開發觀慧。
- 省察妄念是禪修的關鍵部分。
- 在蒲團上修習正思惟，能幫助你在日常生活中檢查恐懼、憤怒與渴愛。

第3步

正語

想想你是否經常對自己說：「要是我沒有那麼說……」或類似「當我看見她臉上的表情時，我知道我的話傷了她的感情。」錯誤的語言造成我們許多問題。我們說謊，然後作繭自縛；說工作伙伴的壞話，造成他的麻煩；不經思考說話，冒犯顧客或朋友；花了一整天閒扯，什麼事也沒做成。

這些說話的壞習慣並不新鮮。佛陀認爲練習正語對個人與心靈成長非常重要，因此將它獨立爲聖道的一支。佛陀告訴我們，正語有四個特質：它總是眞實的；它是向上提升，而非惡毒或刻薄的；它是和善的，而非粗魯或嚴厲的；它是中肯的，而非無用或無聊的。

佛陀解釋，一個公認說話溫文儒雅者，很快便能受到信任與尊敬。這種人內心祥和平靜，能與他人友善互動。例如，你是否注意過人們常用我們與之說話的方式，對我們說話？若我們被認爲是誇大其詞或說謊，別人便自然而然地會對我們說謊。若我們習慣詆毀別人，別人自然而然會對我們不假辭色地說話。相反地，若我們被認爲是可信賴的，我們的話就會更容易被相信。若我們以謹言慎行著稱，別人就很難散播我們的流言蜚語。若我們的話語始終是親切和善的，別人就不好意思在我們面前罵髒話或粗魯地說話。

顯然話語創造了一個不是有益於快樂，就是破壞它的環境。我們知道這是因經驗告訴我們，思想與行為嚴重受到周遭說話方式的影響。佛陀的一位上首比丘尼就以此為戒：

親近善友者，愚亦轉睿智。

（Thig 213）

若希望成為智者，我們不只應親近善友，還應成為別人的善友，如此做需要我們以正念勤修正語。有則佛陀的前世故事，說明話語對我們的行為影響有多大：

一位佛陀的隨行比丘，習於和被邪惡比丘提婆達多誤導的一群人共食豪奢大餐。受這些人提供的美食誘惑，這位比丘花很多時間和這群惡友廝混。佛陀斥責他擇友不慎，並警告他事情的嚴重性。為了說服他改變行為，佛陀告訴他發生在他前世的一則故事，那時他受周圍粗惡言語影響而誤入歧途。

佛陀說，這位比丘的前世曾是屬於國王的一頭大象，以性情溫和著稱。後來有群土匪習慣聚在象欄附近討論犯罪計畫，他們言語粗暴，並鼓勵彼此犯下謀殺與其他凶殘的惡行。這頭象開始認爲，他們的惡語是試圖教導牠應以同樣的方式表現。結果，原先高貴的大象變得殘暴，並試圖殺害共事者。

擁有這頭象的國王，派遣大臣——發願成佛的菩薩——調查這頭溫和大象墮落的原因。大臣無意間聽到土匪們邪惡的談話，因而了解它如何影響大象。他建議國王派遣睿智的聖者們，以溫和言語著稱者，每晚在象欄附近交談。善良的話語，很快便影響大象重回溫和的方式，從此不再凶殘。（J 26）

正語可從許多方面改善你的生活，只要想像再也不必爲你說的任何事後悔！那會讓我們許多人如釋重負。

讓我們進一步檢視正語的四個特質，並看看它們如何幫助我們踐行聖道。

說實話（不妄語）

正語的第一個特質是：它總是眞實的。佛陀告訴我們，絕不說謊，無論是爲自己、他人，或爲任何一種利益。佛陀總結實語的準繩如下：

若〔某人〕被當作目擊者問到：「那麼，善男子，說說你知道什麼？」知道，他就說：「我知道」；不知道，他就說：「我不知道」；沒看見，他就說：「我沒看見」；或看見，他則說：「我看見」。在完全覺知下，他不為自己與別人的目的，或一些微不足道的世俗目的而說謊。（M 41）

偶爾我們可能被問到一種以緘默表示特殊回答的問題，若緘默會傳達一個謊言，則必須說話。例如，警局探員在犯罪現場，問一群旁觀者是否有看到任何事，若每個人都保持沉默，探員會認定無人看見犯罪發生。若有些圍觀群眾是目擊者，藉由保持沉默說謊，也許他們覺得有很好的理由不說話，例如害怕報復，但沉默仍是謊言。我們也可能用身體語言說謊，有時聳肩或揚眉可能表示「我不知道」，若你確實知道，那麼聳肩就是欺瞞。

然而有些情況，實話必須被隱瞞，因說出來可能會傷害某人，在這種情況下，我們必須等待適當的時機，對適當的人說適當的話。佛陀回答問題若會造成某人傷害時，他便靜默不語。有次某人問佛陀死後是否有生命，佛陀只是坐在那裡，沉默以對，直到那人放棄並離開。之後，他的侍者阿難問佛陀爲何不回答，佛陀解釋說任何回答都可能造成那人痛苦。若他回答死後有生命，那人會執著恆存自我的觀念，一個會導致痛苦的邪見。若回答死後沒有生命，他又會發展出另一種邪見，認爲：「那麼我將斷滅！」並因而痛苦不堪。爲了避免對他造成傷害，佛陀決定不做任何回答。

佛陀描述自己決定說或不說的準繩。若他知道某件事是不眞實、不正確或無益的，他就不會說它。他說：「這種話〔佛陀〕不語。」若他知道某件事是眞實、正確或有益的，則「〔佛陀〕知道何時該說此語。」當他的話是眞實、正確、有益與契機之時，則不論他的話會「不受歡迎與不如人意」或「受人歡迎與如他人意」，佛陀都會說。（M 58）佛陀具大悲心且完全專注於眾生的福祉，他從來不會只爲「討人歡喜」而說話。我們可從他的例子，得到許多啓發。

當試圖說不符合佛陀準繩的話時，我提醒自己如此說將一無所獲，也無人會因此獲益，且會因我保持沉默而有所損失。例如，我正在和朋友們說話，其中一人壟斷發言。我有話想說，卻覺得沒耐心說它，我反省自己想說的話，知道它對過去事件而言是眞實的，對現在狀況而言是正確的，且會利益聽眾。但若現在說出它，可能會冒犯說話者，因此它是不合時宜的。我提醒自己，若我以不合時宜的方式說話，將一無所獲，也無人會獲益，或會因我耐心沉默而有所損失，我可在其他時候說自己想說的話。

言詞不是武器（不兩舌）

正語的第二個面向是不作惡意的談話。古諺云：「舌頭是受困於牙齒間的無骨武器。」當惡意地說話時，舌頭會射出言詞短劍，奪去人們的好名聲與信用。即使我們說某人的話是眞的，若它的動機是要傷害此人，它便是惡意的。

佛陀定義惡意談話是指破壞兩人之間友誼的談話。在此有個例子，假設在某次旅行中，我遇見你住在遠方的一位好友，我記得幾個月前，你曾告訴我關於這傢伙的一個眞實故事。我可能不記得你的確實用語，因此在重複你的話時稍微加了點料。我甚至做得好像給了這傢伙好處，讓他知道你在背後談論他，你的朋友反應有點激烈。當回到家時，我對你重複他的話，稍微加油添醋一番，好讓它更爲精采。因它造成失和並破壞一段友誼，這種談話便是惡意的。

有時我們把惡意談話僞裝成關心另一個人的行爲，或洩漏某人對我們吐露的祕密，認爲如此做是「爲了他好」。例如，告訴某個女人丈夫對她不忠，因爲「你不希望她是最後一個知道的人」，這可能令所有當事人更痛苦。當想要如此說時，問問自己希望得到什麼，若目的是操弄別人，或贏得某人的感激或感謝，則你的話是自私與惡意的，而非正直的。

公開談話也可能是惡意的。小報、談話性電台、網路聊天室，甚至一些受人尊敬的新聞媒體，今日也爲了生存而拿言詞來當武器，對準本星期媒體目標的搶鮮話題，對於增加收視與廣告收益會有加分的作用。惡意的話語打倒某人以抬高某人，它試圖犧牲別人，好讓說話者看來是敏銳、精明或時髦的。

並非所有的惡意談話聽起來都很下流，有時人們使用看似溫和的言詞，卻帶有貶損的意思。這種僞裝的攻擊言詞，比公然侮辱的話更危險，因它們更容易刺傷聽者的內心與心情。以現代的話來說，這種談話稱爲「口蜜腹劍」，我們對某人說：「你整修舊房子而不搬去更高級的住宅區，眞是聰明。」或「你的白頭髮眞好看，不是有句諺語說『老成持重』嗎？」正語不只意味著注意說話的用語與聲調，它還需要在話中反應我們對別人的悲憫與關懷，它們是有益與有治癒作用的，而非傷害與破壞。

柔和地說話（不惡口）

第三種錯誤的話語是刺耳的語言。口頭辱罵、褻瀆、譏諷、嘲弄與過度直言或不當批評，都是刺耳語言的例子。

話語是有力的工具，可用來行善或作惡。佛陀將話語比喻爲斧頭：

所有人出生，口中皆含斧。
愚者用惡言，傷己與傷人。
（Sn 657）

我們可能以爲斧頭只是用來砍柴的工具，但在佛世時，斧頭是精準有力的工具。它被用來裁切長木板，並把它們刨光，然後精準地鑿刻木頭。它能砍倒大樹，也是致命的武器，是砍頭與截肢的殘忍工具。也許現代可以與斧頭相比的是電腦，電腦能用來做許多美好的事——越洋溝通、創作音樂或火星導航。它也能拿來做破壞的用途，控制飛彈與其他武器，以協助戰爭的進行。

就像必須選擇如何使用斧頭或電腦的力量，我們必須選擇如何使用話語。我們會說喚醒、安慰與鼓勵別人的話嗎？或會把他們砍倒，在過程中傷害自己？毀謗性的談話、苛毒傷人的閒話、謊言，與粗野或猥褻的玩笑，不只傷人，還讓我們像個不會安全使用口中斧頭的傻瓜。

若以爲惡口能成就任何好事，那我們也是傻瓜。雖然我們在斥責某人時可能感到自滿，但常言道，損人損己，我們並未占到便宜。誠如佛陀所說：

> 恣意宣惡口，愚以爲己贏；
> 豈知安忍道，始爲眞勝利。
>
> （S I.7.1[3]）

我們很容易以嚴厲無禮的話語來喝止人們，聰明的對手總是會從這種對待模式中撤退，並以冰冷的沉默來回應我們的粗話。我們可能沾沾自喜，心想：「我眞的使他出洋相了——他一聽到我的話便立即噤聲。」但我們的勝利表象是假的，對手可能暗自許諾不再和我們說話，或發誓靜待時機暗中報復。所造成的惡意與不好的感受，將令我們自作自受，並在毫無預期下打擊我們。

我們不難想到另一個惡口負面效果的例子。也許你有位才華洋溢或科技天才的工作伙伴，但他的嘴巴總是爲自己帶來痲煩。他以嚴厲、惱人、傲慢與可憎的話語攻訐同事，雖然他的工作能力很強，但人們無法忍受他，因此他的生涯到處碰壁。

另一個惡口破壞力尤其可悲的例子，是它對於孩子的影響。我們無意間都聽過父母對子女說：「你眞丟臉」、「你什麼事也做不好」、「你將一事無成」，也許我們記得小時候也聽過這樣的話。口頭辱罵可能在孩子心中留下永遠難以癒合的傷口。當然，父母可能有時必須嚴詞制止孩子做危險的事，例如玩火柴或在街道上橫衝直撞，但這種強烈的言詞是發自愛與關懷，而非想威脅或貶抑。

動物也感受得到惡口的影響。我的姪孫有隻阿拉斯加哈士奇大型犬托勒斯。托勒斯著迷於電視裡的動物，牠甚至想要咬牠們。因爲牠很大，當托勒斯被電視影像吸引時，牠會擋住後面觀眾的視線。有天我姪孫家人命令牠走開，她的聲調異常嚴厲刺耳。牠的反應是走到地下室，一整個星期都待在那裡，拒絕出來，甚至絕食。牠只偶爾出來外面透透氣，然後又回去樓下。最後，這家人只得前去好言慰藉牠，語調柔和親切，直到牠重新加入他們。

我姪孫家人的柔和言語贏回寵物的友誼。親切的語言，總是適當與受歡迎的，就如另一部早期佛經所告訴我們的：

說柔和言語，可喜受歡迎。
絲毫無惡意，常和言善語。
（Sn 452，持法法師〔Ven. S. Dhammika〕英譯）

告訴某人：「我眞的很感謝你所做的事」、「你漂亮地化解困境」、「很高興看到你」，將溫暖說者與聽者的心。柔和語是舌上蜜，說出我們的讚賞與感謝，可增加每位參與者的快樂。它們幫助我們結交與維繫朋友，因每個人都想和說話和善的人交往，那令他們感到放鬆、舒適與安全。柔和語幫助小孩在自尊、自重的感覺下茁壯與成長，這種話也有助於人們學習與欣賞佛陀的法音。若我們和善與技巧地說話，則散播給周遭人的喜悅將是不可限量的。

提醒一下，柔和語一定也要誠懇與出自正直目的，溫柔和善地說話但想法與作法卻背道而馳是僞善，並非美德。我們都聽過宗教領袖使用柔和語散播恐懼，或勸人捐錢給他們的組織。我記得斯里蘭卡有個人巡迴全國宣傳酒精的罪惡，由於能言善道，他累積了名氣、權力與聲望，吸引了一大群人。他發起運動關閉酒吧，封閉酒廠，並結束賣酒。在一個炎熱的夏日，一次強力演說當中，他不經意脫掉上衣，一瓶酒從內側口袋滾下掉在講台地板上，那終結了禁酒運動，也終止了他的公共事業。雖然他說酒精之毒是眞的，但一旦人們看見此人的僞善，他們便不再買他的賬。

避免閒談（不綺語）

第四種錯誤的說話方式是閒話，佛陀稱之爲愚蠢或無意義的談話。我們在英文中說gossip（閒話）一字時，可能泛指所有的負面言詞，從惡意的謾罵，到只是漫不經心或無用的閒談。根據佛陀的教導，這些言詞都被認爲是錯誤的。

不論我們說某人的事是否眞實，閒聊別人就是個問題。畢竟，若三個人敘述第四者的故事，每個故事都會不同。人性就是如此，不論什麼事我們很容易相信初次聽到的，即使它只是一個人的版本。它可能是基於事實，但閒話會修飾與誇大它。

閒話導致爭吵與誤解，它可能破壞人際關係。最嚴重的情況，它可能導致毀謗或污蔑的訴訟。在佛世時，閒話的力量顚覆了一個大聯盟：

離車族（Licchavi）是個驕傲與自由的種族，是強大的八族聯盟中最有力與重要的成員，首都即是聯盟的首府。一個野心勃勃的統治者，邪惡比丘提婆達多的主要支持者阿闍世王（King Ajatasattu），計畫攻擊與侵略離車族人。國王問佛陀對於他侵略計畫的意見，佛陀說離車族人相處和諧，並告訴國王：「只要他們維持統一與和諧，你就不能侵略他們。」國王遂延緩他的攻擊並深思佛陀的話。

阿闍世王想到一個簡單迂迴的計畫，他讓首相去挑撥離車族人，首相去找一個離車族人，煞有介事地在他耳邊說：「稻種中有米。」這是一句普通與無意義的話，每個人都知道稻種中能找得到米。

但目睹耳語情況，另一個離車族人開始好奇阿闍世王的首相對那傢伙說了什麼。當他問這個人談話內容時，這個人重複稻種的說法。

第二位離車族人聞言心想：「這傢伙在隱瞞事實。他不相信我，編造這個稻種的蠢話來欺騙我。」在滿心懷疑下，他告訴另一位離車族人這個人曾和首相耳語。那個人再告訴另一個人，如此輾轉，直到人們相信那人是間諜，其中有陰謀在醞釀。

和平動搖了。離車族人之間出現指控與爭執，領導家族之間爆發戰鬥。在敵人自亂陣腳下，阿闍世王遂入侵離車族，他的軍隊輕易地便戰勝他們，然後再征服聯盟的其他成員。

我無須以這種事來說服自己相信閒話是有害的，我自己親身體驗過閒話的殺傷力有多大。好像每次有人嘗試做一些對社會有益的事，就會有人出來反對，也許他們感到不安全或嫉妒別人的成功。謠言是他們的武器，他們無須出面並提供任何證據，而在背後影射，並利用人們侃侃而談的習性，來進行卑鄙的勾當。

當我們最初嘗試籌募基金要蓋中心時，一些人便散播關於修行協會的謠言，說我欺騙捐款人，想要以募得的錢去暗中創業營利。未署名的信件被送到關鍵人手上，告訴他們別捐錢。閒話開始說得很難聽，但它是由不明就裡的人所散播。我所居住城市的佛教會，原本一直是支持我們的，開始被分化，幸好那些反對成立修行協會者，找不到任何眞實過失可大作文章，否則我們的努力將完全付諸東流。

只要人們繼續道聽塗說，謠言就永無止境。有次修行協會的一位美國理事到斯里蘭卡旅行。在那裡，他加入一群來自各國的禪修者中，他們花了一晚討論各地的禪修中心。在這次集會中有人提到修行協會，某個女士驚呼：「啊！就是在晚上辦茶儀式的那個中心！」當我們的理事提出異議時，她還是堅持所言屬實。最後，我們的理事說：「嗯！我打從一九七一年起認識德寶法師，且在修行協會成立之初便加入，我知道那裡沒有茶儀式。」若無知道事實的人在場，無人能反駁那位女士的說法。也許別人還會進一步增添不實的評論，甚至可能造成損害的話。閒話就是這麼開始，並如此傷害個人與團體。若聽到某人說閒話或說損人的事，我們有兩個選擇：結束談話或勸阻負面說法，就如我們的理事在這個情況中所做。

但佛法中，對不綺語有更徹底與有力的指導——所有不必要的談話都是有害的。我們許多人花很多時間閒談數天或數月前吃過的食物，嘗試回憶一些看過的愚蠢電影或電視節目的細節；甚至浪費更多時間說無厘頭的笑話，這種談話無法導致任何深化的智慧。當我們想到人生多麼短暫與脆弱，隨時可能被意外或疾病奪走時，還會把寶貴的時間徒然消耗在無聊的閒話上嗎？頭髮著火一定得盡快撲滅，同樣地，我們必須發憤精進解脫熾燃的煩惱，而非浪費時間在閒話上。

不可否認地，有些看似無聊或愚蠢的談話，卻有實質重要的意義。有時我們必須說柔軟無意義的話，去安慰某人或關愛自己的小孩。凡是發自慈與悲的正念言詞，都是正語可接受的部分。檢驗的方法是在說話之前，停下來問自己：「這是眞的嗎？這是和善的嗎？這是有益的嗎？這會傷害任何人嗎？這是說某些話的恰當時間嗎？」

正語隨念

正語並非你在蒲團上練習的事，它出現在對話而非沉默之中。然而，在正式禪修期間，可以想想自己說話的習慣，並嘗試將它導向正思惟──放捨、慈愛與悲憫；可分析過去行爲並自問：「我昨天說得對嗎？我只說溫柔、和善、有意義與眞實的話嗎？」若發現自己已有些偏差，可決意改善你的正語隨念。

你能做的最重要決定是說話之前先三思。俗話說：「看好你的舌頭！」但更重要的是看好你的心。舌頭自己不會動，心控制它，在你張嘴之前，檢查心看看你的動機是否良善。任何發自貪、瞋、癡的話語，到頭來一定會令你後悔。

同時下定決心，不說任何可能傷害別人的話，這決心一定會幫助你在說話之前小心地思惟。當你正念分明時，自然會眞實、溫柔與和善地說話。正念能讓你免於用脣槍舌劍傷人太甚，若你說話的動機是有害的，立即以正念與正精進預防這些念頭繼續發生。

決意不以言詞傷人，這在你對某人感到憎恨，或討論尖銳議題時尤其重要。小心！只以溫柔與慎選的言詞。說話柔和能爲情況帶來平靜與和諧，並幫助對話持續以有效、有益與友善的方式進行。

若有人靠近你並以煽動的方式說話，例如嘮叨或閒談你的某位朋友，你察覺自己心煩意亂，立即停止談話。默默提醒自己：「我不能隨之起舞，我不應像那人一樣沉淪失去正念。這個對話已迷失方向，我選擇只進行有意義的對話。」在許多情況下，對方會以停止煽動的談話來回應你的沉默。你可利用接下來的暫停，把對話轉向較好的方向。

事實上，身爲學佛行者，一旦察覺對話正朝錯誤的方向走，你應負責把它導回正軌。我們很容易被情緒性的談話牽著鼻子走，並開始叫囂。相互叫囂會對所有涉入者造成痛苦，以正念回想，當你情緒失控時那個感覺多麼可怕。提醒自己平靜下來，到能再度和此人談話可能得花上好幾個小時或好幾天。許多好的感覺會失去，也許永遠難以恢復。

然而，雖然已盡了一切努力，有時你還是會生氣。若對方持續激怒你，以唇槍舌劍攻擊你，你可能變得完全混亂與困惑。這時你很容易發怒，當看見自己的混亂升高時，向對方說：「等一下！」希望能找到片刻清理內心。但若對方回答：「不！你才等一下！」並繼續攻擊，怎麼辦？

在這種情況下，當對話失去控制時，你的任務是迅速找回正念，並以正精進克服憤怒。即使憤怒的感覺使你心跳加速，身體冒汗，並揮舞雙手，決意避免口出惡言的正念，仍能幫助你處於控制狀態。只要拒絕讓憤怒告訴你該說什麼，專注於呼吸，以重建正念，直到憤怒消退為止。

讓自己冷靜下來，將給你與對方一個機會，以更友善的方式打開你們的心。隨著心開始溫暖，你將更清楚地看見對方，也許會了解你們煩亂的原因，也會看見憤怒的心理狀態，把自己攪得多麼混亂。隨著尊重與關懷的感覺增長，你可以決心使用這一刻，來展開一段嶄新與更友好的關係，並加強你們之間的友誼。你應始終都希望如此做。

當看見心與口已調伏，且情況變得更和諧時，你應為自己感到高興！對自己說：「這是我希望的，我希望一直以讓好事發生的方式行動。」一再地提起那個念頭。

我來說一則有次我必須使用正念修習正語的故事，也許我的經驗會給你一些線索，知道在你的生活中——工作、家庭與人際關係中——出現狀況時，如何運用正念。

許多年前，當時我負責管理某個寺院的運作，一群人召開一個寺院護持者會議。這些人反對我發起的一些工作，需要一個討論會來表達他們的挫折，有點毀謗名譽的議題也被排入議程。其中一些人對討論事項有很強烈的情緒，他們雖然出生在佛教家庭，但對禪修毫無興趣。事實上，他們認為禪修是瘋狂的事，因此不了解我的工作。我預期這次會議期間會如坐針氈，但實際發生的情況卻更糟，超出所有人的預料。

大約四十個人參與會議，包括許多我的親戚、好友，以及希望對我的計畫表達支持者。在會議正式開始之前，甚至作引言之前，一個非常單純的人站起來開始說話。他未受教育且技能不足，說話經常不假修飾，他對所討論的寺院事務說得不多，卻談了很多關於我的事。他以粗鄙的言詞控訴我數年來對寺院毫無貢獻，以及我正在破壞寺院的支持體系等。他用社會上難以接受的貶抑與傷人言語罵個不停，持續了大約二十分鐘。

在這個令人吃驚的口頭攻擊過程中，我默默修心，爲了防止瞋心生起，我保持如理思惟。我能了解他心情很亂，告訴自己：「這人本性平和，我們曾有過一段不錯的關係，他一定是受到對這些事強烈不滿者的蠱惑才會如此。」他說話時，我思惟自己有許多他所欠缺的修行與文化陶養機會，我回想他只受過小學教育，沒有什麼技能，且對修行興趣缺缺。我這樣地嘗試對他修悲，並感激修行讓我永遠不會如他一般說話與行動。

我也思惟事情發生的來龍去脈，若我抗議他，我的支持者會挺身而出，則這次會議可能淪爲一場惡鬥。我看見人們瞪大眼睛並對那人皺眉，蠢蠢欲動，我意識到親戚們尤其深受影響。我是家中的長者——兄長、伯父、伯公與曾伯公，且是公認溫和的比丘。自然地，我的家人尊敬我，並想要保護我。我知道，我若對那人所說的話表現得好像受傷或難過，親戚們會感到憤怒並衍生各種情緒，甚至可能動手攻擊那人。因此我告訴自己：「此時我必須行使正念、安忍與正見，以確保這場會議和平收場。」

我藉由專注於呼吸來建立正念。面對這樣的挑戰時，在回應之前，最好能暫停一下，並做幾個深呼吸——也許兩分鐘的深呼吸，或三十次入息與三十次出息。這個暫停，讓你有時間放鬆與整理內心，這樣你才能講理，而非氣急敗壞。

最後，他似乎已耗盡一切而停止發言，大家都很緊張，他們都看著我。我以平靜的聲音說：「這位紳士一直以來都是我的朋友，他是這間寺院很好的贊助者，並做了許多美好與有益的事，他也知道這些年來我對寺院做了什麼。但今天他似乎顯得沮喪、失望與消沉，因此我想祝福他與大家。」

我請大家合掌禮佛三次：「皈敬彼世尊、阿羅漢、正等正覺者。」這通常是我們在正式儀式開始時念誦的。在隆重的傳統儀式中，從此刻起任何人都不得爭吵或惡言相向，那對佛陀似乎不太恭敬。然後我帶領群眾誦五戒，那提升他們的心，並確保大家都能記起佛陀正直無害的行爲準繩。最後，我誦了一段長祝願文，末了我說：「現在你們可以回家了，會議結束。」事情就此劃下句點。過了幾年，他還是對我保持冷淡，但之後我有機會爲他服務，幫他度過一些難關。從那時起直到今日，他都對我很友善，且總是表達感激與敬意。

正念是幫助我解決這個困境的關鍵，同樣的技巧也適用於你。我有時聽到人們說事情發生得太快，「即使有正念」也無法控制行動或語言。說「即使有正念」毫無道理，也許他們的正念微弱，或被貪、瞋、癡所侵蝕。但根據定義，正念使我們持續控制所思、所行與所說，我們不可能帶著正念對某人咆哮，或帶著正念酗酒，或帶著正念邪淫。若眞的有正念，你根本不可能做這些事！

因爲積習難改，以致我們經常口不擇言。我們可能不清楚自己的說話傾瀉了多少能量。在正念覺知下，我們停止能量外洩，並匯集能量。我們可利用增加的能量去培養對習慣本質的洞見，以這個能量爲動力來源，可在禪修中與自己對話，評估自己的行爲，進一步訓練心。

然而，當失去正念讓這個密閉的能量外洩時，它經常會猶如瓶子的瓶塞般，「砰」的一聲爆開來！我尤其在閉關結束時看見這點。稍早之前，一群絕對安靜的人們端坐或緩慢與安靜地移動，之後閉關的「聖默」（Noble Silence）結束，瞬間爆發聒噪喧譁，這股談話的洪流持續一至兩個小時，直到積聚的能量都疏散了爲止。閉關的時間愈久，人們就會變得愈大聲、愈輕率，除非他們非常努力地維持說話的正念。

錯誤說話的唯一解藥是強烈的正念——不只是在閉關期間，或當你面對困境的挑戰時，而是終生如此。我向你保證，正語隨念將爲你帶來快樂。

正語隨念要點

以下是藉由正語防止痛苦生起的要點：

- 正語需要你斷除妄語、兩舌、惡口與綺語。
- 不作為的說謊仍是說謊。
- 惡意談話（即兩舌）破壞別人的友誼，或損害他們的名譽。
- 口頭辱罵、褻瀆、譏諷、嘲弄與過度直言或不當批評，都是刺耳語言（即惡口）的例子。
- 惡口不只傷害別人，且貶低自己。
- 閒話與空談導致爭吵與誤解，浪費你的時間，並製造內心的煩惱。
- 一切不是發自放捨、慈愛與悲憫的無謂言詞，都是有害的。
- 檢驗正語的方法是在說話之前，停下來問自己：「這是真實的嗎？這是和善的嗎？這是有益的嗎？這會傷害任何人嗎？這是說某些話的恰當時間嗎？」
- 利用正念加強你的決心：不說任何有害話語，以及只使用溫柔與慎選的言詞，將能為一切困境帶來和諧。

第4步

正業

有些人想要一份可遵循的簡單規則表，以便能確定自己是以道德與正確的方式行動。有些人則需要規則，來讓自己有能達到心靈目標的安全感，無論它是天堂或涅槃。佛陀確實提供了一部防止人們增加痛苦的戒律，但眞正的道德行爲超越任何規則表。戒律，其實只是一套關於行爲如何造成自他痛苦的連鎖原則——每個人的道德選擇如何影響整體。

五戒

佛教戒律從五個道德原則開始，強烈建議人們若想要取得心靈進步，便得遵守它們，即：

- 不殺生。

- 不偷盜。
- 不妄語。
- 不邪淫。
- 不濫用酒精或其他麻醉品。

佛弟子被期待要誓願遵守這些規定——五戒。然而，這五戒並非佛陀所創，它們是永恆、基礎與普遍的。

五戒中有四個被直接涵蓋在八正道中。正語包含不妄語；正業被定義爲不殺生、不偷盜與不邪淫。五戒中最後一支——不使用麻醉品，被包含在正業中，是因爲迷醉的人無法守護自己免於說錯話與做錯事。

在道德修養的最初階段，我們需要這五戒，就如孩子需要父母耳提面命「別碰火爐」一樣。小孩長大之後，他們了解父母的規定是爲了防止傷害而存在。同樣地，當我們充分了解戒律時，正業就會變得自動自發，不可能想要犯戒。此時無須回顧它們，便能讓自己走在正道上。

道德行爲

傳統上說正業包括不殺生、不偷盜與不邪淫。在五戒與八正道的正業定義中，雖然使用相同的詞彙，意義卻稍有不同。就五戒的目的而言，其意義非常簡單與直接，就是不做這三件事。殺生、偷盜與邪淫是三種你可能做的最惡劣行爲，若做了它們，你將不得安穩。因此，我們鄭重立誓並嚴格遵守它。

然而，當佛陀以不殺生、不偷盜與不邪淫定義八正道的正業時，他只是舉出侵犯別人的顯著例子。因此這些禁制應被理解爲不只是如持戒的限制方式，而是追求更高道德行爲的廣泛準則。

例如，在一次談話中他勸大家慈悲對待一切眾生，佛陀說：

> 眾生皆畏杖；眾生皆怕死。
> 推己及他人，勿傷害對方。
>
> （Dh 129）

他解釋，任何傷害對方的身體行爲——破壞財物、縱火、持械恐嚇——都是錯誤的，即使無人死亡也是如此。我曾聽過某個年輕人不喜歡他研究所的室友，爲了報復，他暗地對他們的物品動手腳來騷擾他們，像是把他們的毛巾浸入馬桶及破壞電腦。害人的小動作與惡作劇，也同樣是錯誤的行爲。

道德行爲還有更精妙的層次。例如，不殺生的最高意義是，培養完全不害的態度，並總是希望其他眾生幸福。

我們修習正業並非爲了避免違反佛陀的規定，或因害怕若做了會被某人懲罰。我們避免殘酷與傷害的行爲，是因了解這種行爲的後果——它將於現在與未來，爲我們與周遭所有人帶來深切的痛苦。修習正業是因我們希望生活是有益與和諧的，而非破壞與引發爭議的，因想要一顆平靜與快樂的心，不受遺憾與懊悔折磨。

在遵守道德原則時，心會對我們耍許多詭計。有些人告訴自己，道德規定不適用於年輕人，他們說：「我現在可好好地享受，隨心所欲地做事。到年老時，我就會約束行爲。」很不幸地，到晚年才遵守道德原則就如同臨終時中樂透彩，若等太久，將無法享受道德生活帶來的利益——免於上癮、健全的人際關係、清白的良心與不煩惱的心。最好在你還年輕、健康與強壯時，就能享受道德的善果。到了老年，將無須道德原則來讓自己免於犯錯。

另一個我們要的詭計是對自己說：「這些道德原則對我有什麼好處？我照這樣生活就很好了啊！」若這是你的反應，最好仔細檢視你的理由。若你的生活這麼好，爲何要說謊、偷盜、飲酒或殺生？輕易違反道德原則將成爲一種難以破除的習慣。此外，這些行爲無可避免地會導致負面結果，你無法逃於因果法則。違反道德原則，你得冒著失去健康、財產、珍愛的感情與其他許多所珍惜事物的危險。此外，得面臨擔憂、內疚，乃至更大的痛苦。記住，遵守道德原則是爲了讓自己快樂，而非痛苦。

即使微小、看似瑣碎的不道德行爲也會有一些影響。我曾聽說某個人失去數百萬生意的合夥機會——只因殺了一隻蟲子。他是個精明幹練的生意人，他作東和某個有潛力的伙伴討論一筆交易。在他們討論時，一隻昆蟲落在這個生意人的啤酒杯沿上，他用一根小攪拌棍把牠推入啤酒裡。當蟲子爬上杯子時，他就再把牠推下去。他一邊討論價值數百萬的生意，一邊捉弄蟲子，反覆把牠推下去，直到淹死爲止。

事後這個有潛力的伙伴告訴我，在看見這一幕之後，他心想：「這個人太殘忍了，他爲了賺錢也許會不擇手段，我不想和這種人做生意。」他因此而取消交易。

你可能好奇，爲何正業的原則要以負面的方式表述——不殺生、不偷盜等。這個原因很簡單，除非丟掉錯誤的，否則我們無法獲得善行的喜悅。我們習慣依充滿執著的心去行動，那導致各種罪惡。首先，我們必須抗拒這個自然趨勢，然後才能了解當行動合乎道德時，會感到多麼輕鬆、舒適、自由與平靜。我們不可能在污穢的鍋子中煮出美食，或在雜草叢生的土地上種出美麗的花園，排除負面因素，才能創造滋生善法的適當環境。例如，不殺生或斷絕其他充滿敵意的行爲，讓我們以能創造合適的氣氛慈悲對待別人。同樣地，不偷盜，即不與取——不拿別人未應允的財物，或屬於別人的創意或工作，能促成它的反面——布施的生起。

道德行動把我們的焦點從個人欲求，轉到最能利人、利己的事情上。當沉迷於自身欲望時，我們主要是被瞋恨、貪欲、嫉妒、性欲與其他私欲所推動，此時我們既無自制力，也無正確行動的智慧。但當我們斷除惡法時，心靈迷霧清朗一些，並開始了解慈愛、悲憫與放捨眞的能讓人快樂。這個內心的清明，幫助我們做出道德選擇，並在佛陀之道上前進。

不殺生

傷害其他生命的意向，通常來自憎恨或恐懼。當蓄意殺害生命，即使殺害如昆蟲這樣的小生物時，我們減少對一切生命的敬意——因此也看輕自己。正念幫助我們認清自己的憎惡，並對它們負責。檢視心理狀態時，我們看見憎恨與恐懼導致殘酷與暴力的循環，這些行爲不只傷害別人，也破壞內心的平靜。不殺生讓內心平靜，且無敵意，這個清明幫助我們斷除破壞性的行爲，並擁抱發自布施與悲憫的行爲。

某位學生告訴我，她過去一向害怕與厭惡某些小生物，如老鼠、跳蚤與壁蝨等，因這些感覺，她樂意殺死牠們。當正念的修行幫助她變得更和善時，她決心不殺死這些生物。結果她害怕與厭惡的感覺消失了，不久之前，她甚至徒手捧起一隻大蟑螂，把牠拿到戶外放生。

當戒殺時，我們對生命的敬意會增長，且開始悲憫地對待一切生命。那位學生告訴我，她去拜訪一位住在禪修中心的朋友。當她抵達時，她注意到一個掛在該中心員工宿舍門廊的昆蟲陷阱。陷阱中有許多隻黃蜂，浸在甜味蘋果汁中，一旦進入陷阱的小開口，牠們便出不來，在狹小空間飛到力竭時，便掉入陷阱底部，慢慢淹沒在蘋果汁中。這位來訪學生問她朋友有關陷阱的事，他同意在禪修中心有這種裝置是一件丟臉的事，但他說是上級把陷阱擺在那裡，他也沒有辦法。

雖然她嘗試忽略陷阱傳來的嗡嗡聲，卻無法將黃蜂的痛苦置之不理，很快她感到自己必須做一些事讓牠們有機會脫逃。她拿起一把刀子，在陷阱頂部刺了一個小洞，並插入刀子把它撐開，幾隻黃蜂爬上刀鋒安全逃出，她把洞再擴大一點，又有幾隻出來。最後，她明白自己連一隻黃蜂死在陷阱中都無法忍受。雖然她對於介入此事很緊張，但仍把陷阱拿到附近田野，並把它完全割開，放出所有還活著的黃蜂。在如此做時，她許願：「願我能解脫負面的態度與行爲，如同這些黃蜂被從陷阱釋放一般。」

她告訴我從那時起，就再也不怕黃蜂了。去年春天，一個黃蜂巢出現在修行協會的主要出入口下，有人在那裡進出被叮咬，於是這地區被以繩子隔開。然而，她繼續使用那個出入口，在它被移走前進出都沒事。她說：「若再被黃蜂叮咬，我會很驚訝。但若眞的被叮，我會更擔心可憐的黃蜂，牠們受到干擾，並可能因叮我而受傷。」

從她的經驗你可以了解，戒殺在生活中爲增長慈悲行爲，創造適合的氣氛，這很美好，且很有助於在佛道上更進一步。但我們不應在支持不害時變得激進好鬥！正業要求我們對於道德行爲做出自己的判斷，而非頑固堅持每個人都應效法我們。

就拿吃肉這件事來說，我雖不吃肉，但不堅持每個人都成爲素食者。眼光放遠一點，我看見即使素食者也間接促成殺生。假設有個村子住著一千名素食者，鄰村有個供應這千名村人蔬菜、水果與穀物的農夫。當他墾土或除蟲時，農夫殺死許多小生命，許多其他小動物與昆蟲也在收成作物時被農場機械殺死。鄰村的素食者們感到非常自在，雖然生物確實死了，素食者們在進食時卻心安理得，因他們並無殺生的意圖。從這個例子可看見，吃素與在種植過程中殺生是兩碼子事。同樣的邏輯也適用於吃肉，吃肉與為肉殺生是兩回事，佛陀有時也吃別人供養的肉，那些只是吃肉者，並無殺生的意圖。

為了持守不殺生戒，佛陀明確定義蓄意殺生的行為。在為比丘制定的規則中，佛陀進一步釐清殺生行為的必要條件：

- 必須有生命。
- 你必須知道有生命。
- 你必須意圖殺害。
- 你必須計畫使用方法殺生。
- 你必須殺生，只使用所計畫的方法。

吃肉者並不符合這些條件中的任何一個，他們知道正在吃的是來自某種動物的肉，他們並無殺害動物的意圖，且也未參與殺牠。

若吃不到肉，人們不應爲了吃而外出打獵或殺死動物，應改吃別的東西，但也不應太神經質，嘗試避免一切間接促成殺生的事物。仔細想想，在最現代的生活中，可找到一堆間接促成殺生的事，即使開車或走過草地也會殺生，使用的各種藥物都曾經過動物實驗——殺死牠們，使牠們殘廢，或令牠們生病。從這些藥受惠不是殺生，佛陀說得很清楚，你的意圖才是事情的關鍵。

論及心靈進展，素食者與非素食者之間並無差別。當素食者貪愛、瞋怒或愚癡時，表現的方式和吃肉者相同。若你想要成爲素食者，當然很好，素食非常健康，我個人是出於悲憫動物而維持吃素。然而，別爲了達到究竟安樂的目標，而強迫自己不吃肉。

許多在家人問我，如何處理家裡與花園裡有害的昆蟲，他們想要成爲不殺生的好佛教徒，但若不管牠們，花會枯萎，房子會不保。我告訴他們，即使有很好的理由殺蟲，還是殺生。然而，並非所有的殺生都有同樣的業報。殺害昆蟲障礙一個人的進步，通常不如殺害像是狗等的動物，殺狗的影響則不及殺人，沒有任何殺業比殺害父母與聖者更嚴重，這種殺業將使殺者無法在此世達到覺悟，並墮入無間地獄，殺蟲並無這麼嚴重。了解不同層次的影響之後，我們自行抉擇並接受果報。

不偷盜

偷盜是貪欲或嫉妒的表現，拿走不屬於自己的東西，是很難破除的壞習慣。有些人惡習難改，即使參加禪訓課程嘗試獲得一些安穩與快樂，他們仍繼續偷盜的習慣。在修行協會，我們知道人們偷竊蒲團的事，我懷疑是否曾有人在竊得的蒲團上禪修而達到覺悟的！圖書館也有同樣的問題。由於修行協會位於森林中，無法快速取得重要的佛教藏書，因此自給自足維持自己的收藏，隨著時間過去，有些書不見了。人們來中心禪修與研究佛法，卻不了解拿走不屬於自己的東西，對於追求心安永遠無益，這不是很諷刺？

修習不偷盜的正業，意味著努力保持誠實，且尊重別人的財產。它意味著購物後店員忘了向你收費，或多找你零錢時，指出他的錯誤。它意味著特地去歸還不屬於自己的東西，且對於此行爲不求回報。

當然，有時誠實確實會有物質報酬。我記得一則新聞，兩個男孩在西爾斯（Sears）百貨公司的廁所撿到一整袋錢，他們把袋子帶回家後，發現內含三萬六千多美元！在父母的支持下，男孩們決定把錢移交給警察。

結果證明它屬於一個赴銀行存款途中，把錢遺落在洗手間的男人。他認出袋子並指認金錢數量無誤，因此得以物歸原主。不難想像當他發現金錢遺失時有多麼痛苦，以及失而復得時有多麼感激。他一定對於正義與人性的善良重新燃起信心，他給兩個男孩豐厚的報酬以表達謝意，且社會也表彰他們的誠實。

拿別人的財物或金錢是偷盜顯而易見，但我們經常遇到更微細的偷盜情況。侵占別人的創意也是偷盜，從辦公室拿一些小東西，如筆、記事本、電腦光碟等，帶回家供個人使用也是。經常我們爲自己辯解：「我可以靠自己想出那個點子。」或「這是公司欠我的，我已被剝削好幾年了。」逃漏稅、開空頭支票、收受賄賂，以及從事詐欺也是偷盜。甚至當你飢餓時順手牽羊，也是竊盜。記住！爲了餵飽身體而出賣良心，絕不可行。

修習正業的道德規範，目的是讓生活快樂。若違反它們，則在此世或來世，痛苦一定會尾隨而至。快樂需要心安理得，別以爲不偷盜是爲了世人好，如此做，是爲了自己現在與未來的滿足。

隨著超越努力對抗任何偷盜形式的粗略層次，我們開始提升對別人需要的關心，在物質方面較不會自私自利。以不偷盜戒爲指南，我們變得比較不嫉妒別人的財物或好運；反之，我們能欣賞與隨喜別人的快樂。

不邪淫

佛陀的話通常被譯爲「不邪淫」，其實它不只是指性行爲而已，這句話的直譯爲「不放縱感官」——一切感官。邪淫是感官放縱特別有害的形式。

爲了持戒的目的，傳統上認爲佛陀所說「不放縱感官」，特別是指不邪淫。邪淫包括強姦與操縱某人違反其意願性交，邪淫戒是指不和未成年人、動物、別人的配偶或伴侶，以及受父母或監護人保護者性交。若未結婚的相愛伴侶之一背叛對方，那也被認爲是邪淫，和適當與同意的成年伴侶性交，不被視爲邪淫。

人們漠視這些定義，因性欲而惹上許多麻煩，諷刺的是，性欲永遠無法被完全滿足。無論人們冒了多少危險或經歷多少身心痛苦，嘗試滿足欲望，滿足欲望的欲求仍不會消失。有些人因性欲造成的身心煎熬，而轉向禪修。很不幸地，即使在努力獲得一些內心專注與安穩的過程中，經常看得到性欲仍持續困擾他們。

這個問題唯一的解決方式是，從節制性事開始，若你不能做點自我節制，通往快樂的正道將永遠窒礙難行。有些很認眞的禪修者已大幅改進喝酒或說謊等壞習慣，卻不明白爲何要約束性行爲。他們說：「我不懂生活中有點樂趣有何不可。」傳統上對不當伴侶的表列，似乎爲他們開了一扇小門，他們立即察覺其中並未反對和許多人發生關係，只要是適當與未婚的即可。它也未反對廉價的激情，但廉價的激情會讓你墮落，並降低你的自我價值，隨便性交傷害你，也可能傷害別人。

這種樂趣有什麼好？帶給你歡樂？滿足你的欲望？然而，過去我們一直說渴愛——欲貪——是痛苦的根源。佛陀的第二聖諦告訴我們，一切痛苦皆源於欲貪。混亂的性行爲，是使心陷入渴愛與憎惡循環最簡便的方式之一，性歡愉如此誘人，而它們的陰暗面——拒絕、難堪、挫折、嫉妒、不安全感、後悔、寂寞與渴望更多——如此令人難以忍受，它們迫使人們不斷地重蹈覆轍。

問題是愛欲無法藉由肉體的滿足而得到紓解，這麼做就像搔抓毒葛疹一樣。雖然搔抓也許可以暫時止癢，但它會擴散毒液並使問題更加惡化。治療你的情況需要自制，要克制之後會讓你更加不適的行爲。

佛陀舉了一個強而有力的比喻，來說明人們思惟性欲時常犯的錯誤。在佛世時，常看到痲瘋病患聚集在火邊燒灼傷口，這疾病使人奇癢難耐，用火燒膿瘡讓他們感到稍微舒服一點。但火無法令傷口癒合或治癒疾病，反而會燒傷自己。一旦短暫的舒適感消失，膿瘡就會因燒灼而腫脹、流膿，這些可憐的受苦者將比以前更不舒服、更癢。因此，痲瘋病患們又再重回火邊燒灼自己。

佛陀說，人們想從性欲尋求紓解的情況就像這樣。當走向縱欲之火時，他們暫時從性欲的痛苦中得到紓解，但放縱之中並無治癒的力量，只是燒灼自己。接下來的渴愛與奇癢會更加劇烈！

佛陀接著說，現在想像一下，一位偉大的醫生出現，並爲痲瘋病患帶來解藥，病患服用之後完全康復，此時他們會如何看待火呢？世上再也沒有任何力量，讓他想再燒灼自己。以前的同伴呼喚他加入圍在火邊，並再次燒灼自己，這位已痊癒的病患記得那個情景——渴愛的瘋狂與烈火的暫時紓解，再也沒有任何事能讓他重回火邊。他爲以前的同伴與先前的痛苦，深感悲

憫。（M 75）

佛陀經常自稱爲醫生，並稱他的教導——「法」（dhamma）爲藥。如偈云：

世間一切藥，各式與各樣，
皆不如法藥，故請汝飲之。
飲此法藥已，汝不老無死，
既行且見道，汝離欲寂滅。
（Miln 335[V]，持法法師英譯）

聽到這裡，你可能會質疑：「難道我一定得在伴侶與正道之間做選擇嗎？」這個誤解造成許多人不安。但忠誠伴侶間的性愛，並不會障礙修行。事實上，相互扶持的關係可以是前進八聖道的重要資產。

不邪淫可用更微妙的方式來維持，遠勝過技術性的持戒。在它的最高層次，你視一切女人爲姊妹，一切男人爲兄弟，年長者爲父母，年輕者爲子女，性欲便消失了。無論如何你再也不會以那樣的方式看人，所有獵食的態度都不見了，甚至連微細的性欲，也都昇華爲悲憫與關懷別人的福祉。

此外，爲了圓滿正業道支，佛陀勸我們別放縱感官，不只邪淫而已，這意味著什麼？當我們藉由刺激感官，放縱渴愛到疲倦的程度時，那就是放縱感官或縱欲。

你忽略了哪些部分的行爲？你爲了歡樂或逃避，而在哪些部分放縱身心？問自己：「我是否花很多時間看電視，或熬夜伏案做無謂的工作？是否飲食超過維生所需的量？是否去夜總會聽震耳欲聾的音樂，到離開時都還耳鳴？是否沉迷於聲色犬馬至筋疲力竭，隔天無法好好工作？是否以有益於生活與社會的方式使用網際網路，而非只是玩樂到頭昏腦鈍？」

這些活動無論對身體或心靈成長都是不好的。斷除它們會怎樣？你將轉而自尊、自重，在這些活動中的自我中心可能消失，而爲活潑與布施的心留下空間，不再服膺渴愛的呼喚。

不使用麻醉品

五戒中的最後一條是避開酒精、毒品或其他麻醉品，同樣的原則亦適用於正業。佛陀說這條戒時，使用條件語句，他並未告訴在家眾避開一切麻醉品，而是只有那些令人「疏忽、著迷與不注意」者。換言之，小心使用止痛藥與其他醫師處方的麻醉劑，並不違反這個禁令，偶爾小酌，如喝一小杯酒也是。我們必須用常識加以判斷。

雖然小酌是允許的，但卻不被鼓勵，一杯很容易接著又一杯。有些嗜酒者可能在一杯之後，就失去控制並喝過頭。因此，最有效的控制時機是在第一杯前，而非之後。有些人是慢慢上癮，每次多喝一點，並未察覺他們的偶爾飲酒，正在逐漸釀成大禍。此外，家裡擺酒會引誘人們在有壓力或悲傷時衝動飲用。無酒可以活得很健康，最好別讓它有機會毀了我們的生活。

長期以來，我聽過許多喝酒導致痛苦的故事。例如，一位住在修行協會的人告訴我，許多年前她並不喜歡喝酒，只有在別人堅持時才喝一點。在有準備酒的聚會中，她連一瓶啤酒也沒喝完，只是整晚拿著瓶子四處走動，應付那些正在喝酒的人。大學畢業後，她搬到一個新社區。她的新朋友們經常喝酒，她也發展出偶爾社交喝酒的習慣，並從此愈陷愈深。她告訴我，有一晚她心情很糟，飲了一種烈酒之後又換另一種。當朋友們提醒她時，她咒罵他們，要他們別管閒事。突然間，一種奇異的感覺穿過身體，後來她才了解它一定產生了化學變化。從那時起，她渴望酒精，兩年內她每天喝酒，且一個星期喝醉好幾次，個性丕變並深感痛苦。最後，她求助於戒酒計畫，現在已恢復清醒好幾年了。

人們喝酒或吸毒有許多理由。年輕人想要感覺更像成人或老成世故；害羞或緊張的人想要放鬆，或感覺更善於交際；煩惱的人想要忘掉他們的問題。這一切動機皆來自於不圓滿苦——來自於想要逃避此刻正在發生的事實。

但請深入思惟此事，逃避永遠無法解決任何問題，或減輕任何一種痛苦，酒癮或毒癮只會讓你更痛苦，可能令你喪失體面、道德原則與矜持。你可能說謊，犯下邪淫、偷盜，甚至更糟，可能賠上健康、財富、婚姻、家庭、工作與事業，也可能失去別人的敬意與自尊。最後你深陷痛苦，並質疑為何一切不好的事都發生在你身上。總之，毒癮或酒癮的最好解藥是，在第一時間就不使用它們。

爲了八正道的目的，我們拉高視野超越五戒的文字，看看可從不使用麻醉品戒中找到什麼更高一層的意義。我們用哪些其他的方式麻痺自己？爲什麼？以此正業觀點爲總準則，質問你的動機，自問你是否試圖逃避清楚覺知？你在躲避什麼？看報紙？東拉西扯地閒談？正念可幫助你看穿自己用來迴避持續覺知實相的詭計。

在家人的更高戒律

每個人每天都應持守五戒，但想要更快速在佛道上前進者，可在一段時間內遵守更嚴謹的訓練規則。這些規則包括基本的五戒與幾點更嚴格的限制。有些禪修者在特殊場合遵守這些規定，例如參加閉關時；有些人則在禪修中心或寺院時遵守它們。

傳統上有八條戒規（八關齋戒）：

- 不殺生。
- 不偷盜。
- 不邪淫。
- 不妄語。

●不使用痲醉品。

●過午不食。

●不跳舞、唱歌，沉迷於音樂，或看表演，以及不使用香水、化妝品或裝飾品。

●不使用高大、寬廣（即豪華）的床鋪、座椅。

經常持守八戒有助於改善禪修，當心安理得無愧於人時，定力會增強。

古時佛教國家的人們一個月有四天持這八戒，分別在朔、望、上弦與下弦日。他們花一整天的時間，在寺院中禪修、讀經、聞法與討論，有時從一個寺院或聖地朝禮到另一個。他們無論聚在哪裡，都一起禪修或聆聽有學問的居士、比丘開示，隔天則繼續日常活動。

現在很少人持守這八關齋戒。當不上班或不帶小孩時，我們多數人把時間花在做家事、看電視、參加派對、看電影、上館子或酒吧，當厭倦這些活動時，就去度假。我們可能爲了這個度假而辛苦工作賺錢，而度假的內容經常是又一次的尋歡作樂。當返家時，有時感覺需要另一次假期才能從這次的假期恢復過來！然後再回去工作，因爲沒錢無法度假，而沒有辛苦工作就沒錢。也許你已看出這個痛苦的陷阱。

佛陀的八關齋戒提供另一個選擇。持守這八戒一天、一星期或更長的時間，能讓你從例行公事中得到眞正的休息，並讓精神與頭腦恢復清明，而非宿醉、疲憊與易怒。你無須到寺院持八戒，可私下在家做。家中有小孩，要找到自由與安靜的時間可能比較少，因此把這些寶貴的時間花在培養內在安穩上，便更形重要。遵守這些暫時戒律的立即利益，是平靜、知足與放鬆的感覺，以及促進健康，死而無憾。偶爾持戒，能緩和與安撫身、心兩者。

例如，通常一天吃三、四餐的人，可能會發現一星期撥出一天節食是很好的習慣。他們可從一天只吃兩餐，然後其餘時間都禁食開始。這兩餐應是豐盛的早餐與少量的午餐，跳過晚餐。由於晚上飽餐之後，並無太多活動，消化過程非常緩慢，食物會停留在胃裡直到隔天早上。當你晚上不吃任何東西時，隔天早上會感到很餓，此時可吃一頓豐盛的早餐。也許在多數日子裡，家庭需要與工作行程不允許你早上吃得好，以及晚上吃得少（或不吃），找一個特別的日子持八關齋戒，讓你有機會嘗試這種飲食風格。

你晚上不用烹調、飲食與洗碗所省下的大餐時間，可用來做許多有益的事，例如禪修或閱讀佛書。雖然這個作法一開始並不簡單，但它是值得培養的好習慣。記住！萬事起頭難。在你逐漸習慣節食後，也可嘗試禁食一整天，別吃任何固體食物，但多喝水與果汁。自己善用這一天，讀書與禪修，對身心而言，這個小假期是很棒的休息。

以正式的方式持守八戒提醒你保持正念。當你開始做一些可能違反戒律的事時，你的心會說：「等一下，記得……」然後想起：「啊！我不應該……」戒律的作用，就如車夫為了提醒馬保持方向而輕揮馬鞭，或提醒駕駛留在原車道的汽車喇叭聲。

在家人也可發願持八終身戒。這組戒律是由五條基本戒再加三條關於正語的規定——不兩舌、不惡口與不綺語。在一九八八年，修行協會十周年慶時，會員們受邀參加持守八終身戒，這個建議來自我們的一個理事，她想持這些戒。受戒者們被要求在典禮之前先參加兩天的閉關，以充分了解誓言的意義。這次邀請的反應令人振奮，有三十六個人參加閉關，終生皈依佛陀，並受持八終身戒。從那時起，我們每年都提供這樣的機會。

準備受戒儀式對一些受戒者來說，非常困難。許多人表達有些害怕，有些人則感受到許多阻力。對我們來說，做承諾多麼困難啊！受戒儀式本身非常簡單，受戒者們集體念誦戒文，每個人都得到一個以古老巴利語所取的新名字，這個簡單的儀式對於人們的生活效果奇佳，尤其在說話方式方面。在受戒之後，他們發現若惡語或綺語脫口而出，會立即察覺這樣說話多麼愚蠢，戒律讓他們停止，就像心裡突然被扯了一把。下一次，他們發現，那些話根本說不出口。這個簡單的轉變，幫助他們了解戒律如何運作以產生快樂。

其中許多人寫信來感謝我授與他們這些戒，說這是他們生命的轉捩點。但他們爲何要感謝我呢？我並未要求他們受這些戒。他們是自願的，並非爲了我、其他人、配偶與小孩，或因法律規定，或爲世界，而發下這些誓言。他們是爲了自己與生活，以及爲了現在與未來的快樂，而發誓遵守這些戒規。

你不應害怕承諾修習正業的原則，或持守八關齋戒、八終生戒。你應慶幸自己已採取步驟讓生活快樂。沉迷於酒精、毒品、賭博或其他惡行者決定停止時，備嘗艱辛，他們裹足不前，並總有許多藉口。但一旦承諾改變並維持那個紀律一陣子，將發現自己看得透，吃得好，存了錢，並和家人與其他人發展出好的關係。此時，他們將感謝並慶幸自己採行了這條正道。

同樣地，我們承諾要斷除惡行可能會有困難，但一旦如此做並持之以恆，我們會很快樂，非常高興自己做了一個對於生活如此有益的決定。

正業隨念

佛陀說：「一切善的身、口、意業都以正念爲本。」換言之，正業由於正念而自然增長。讓我們進一步看看爲何如此。每個有意的身、口、意行，都強烈影響我們。當傷害某人或犯下某種惡行時，我們經常感到身體緊繃，且內心也變得混亂、不快樂，正念幫助我們看清這個有害的影響。我們看見惡行導致後悔的感覺，它帶來憂愁，使心不得安寧。當內心激動時，我們失去專注的能力，我們的行爲愈惡劣，就欲感到沮喪與憂愁。一個惡性循環開始，負面的心理狀態，影響我們去做另一個惡行。

反之亦然。秉持正念，我們看見當以慈心行動時，心變得平靜與放鬆，平靜的心增加喜悅，並幫助我們更深入地專注。了解這點之後，我們會有勇氣去追求善行，身心都變得更健康。這個正面的回饋，讓我們得以勇往直前。

我甚至敢說，持戒的正念，無論是五戒、八關齋戒或八終生戒，讓我們看起來更美！當說話或行動時心中有戒，你感到平靜與快樂，清明的心讓你的臉發亮與幸福洋溢。當想到善行時，你感到高興，這個高興在你的眼睛與表情中閃耀，人們會被這樣的表情所吸引。

當保持正業隨念時，清明的心也幫助我們專注於每個消逝的瞬間，但不是以晦暗與被動的方式。我們充分發揮智能覺知內心正在發生的事，以及與周遭世界互動如何，如此發展出對於行動的普遍覺知。

這種正念在別人考驗我們時尤其重要，在無人干擾你時，持戒行善相對簡單。但若某人說激怒或傷害你的話，你的心可能會動盪片刻。若你有正念，就會有足夠的鎮定去思惟：「我現在一定要小心，讓我暫停一下，直到內心恢復清明，我最好別說話，也別做會令我後悔的事。」

若你清楚覺知每個互動的全部脈絡，就會記得在容易受傷時格外小心。例如，若你正爲失去所愛的人或事物而悲傷，可能一點刺激就會讓你發怒。此時你知道，得特別小心對待他人，就如未穿鞋子躡腳走在有碎玻璃的地方一般。當你生病、疲倦、飢餓、寂寞、痛苦或傷心透頂時，這也很重要。當面對壓力時，相續的正念幫助你記得自己的脆弱，避免可能後悔的行動。

另一個必須特別注意的時機是，發現你處於可能吸引自己犯戒的過去習慣中。有偷竊習性的人，在某人皮包可輕易搆得時，得立即提起正念。曾爲酗酒者在免費啤酒通過身邊時，得猛然警覺。當受欲念煎熬的已婚男子，碰到對他拋媚眼的女子遞上名片時，一定要對自己說：「若我拿了這個電話號碼，可能會禁不起誘惑，平靜的心將會受到影響。我愛妻子，不想傷害家人，雖然今天拿了多張他人的名片，但這張最好別拿，或立刻丟掉它。」

除非你已覺悟，心已完全調伏，否則仍偶爾會有閃失。在做任何你知道的錯事前，應馬上回頭，並如理思惟它可能會如何傷害你。例如，若你感覺受誘惑想偷老闆的錢，你可檢視後果：自己將活在被逮到的恐懼中。若被逮到，一定會失去工作、名聲，甚至自由。即使法律未逮到你，良心立刻就逮到你。單是做這種事的念頭就會擾亂你的心，若你進而採取行動，那內心將會受到怎樣的擾亂？當不善的動機停留在想的階段時，你還可以相安無事，若一旦付諸行動，生活將永不得安寧。

你還應衡量錯誤行為帶來的短暫歡愉，以及它可能導致的持久痛苦。例如，你可能很想打某個人，這個動機伴隨你打人之後會感到滿足的想法而來，你可能會說：「我已搞定了，那傢伙再也不敢那麼做了。」但你無法準確預測結果，那人可能氣壞了，並更嚴厲地報復。他可能心懷怨恨，並暗中計畫攻擊你。一個錯誤的行為，可能導致長期與激烈的爭吵。

我認識一個斯里蘭卡人長期與鄰居們爭吵，為了報復他們，他在產權線邊蓋了一間粗糙的流動廁所，緊臨鄰居的水井。鄰居們抱怨，要求他移走廁所，但他拒絕。鄰居們一個個生病，兩家之間的爭鬥逐步升高，直到某人犯下謀殺罪為止，警察開始介入，我想那人最後進了監獄。兩個家庭都身心交瘁，他們彼此憎恨歷經數代！鄰居之間的爭吵到處都在發生，有無數這樣的爭吵。若發現自己處於這樣的爭執中，我們一定要立即停止，並試著平息事情。失控的爭吵，傷害涉入的每個人。

正業並非佛陀所發明，錯誤行為造成痛苦與恆久憎恨，是普遍而眞實的。如佛陀所說：

恨無法止恨，惟慈能息恨。
此爲不朽法。
（Dh 5）

佛陀不稱此法爲他所創，它不是只屬於佛教徒或其他任何人。在他的悟境中，佛陀可清楚看見負面結果，無可避免地皆來自錯誤的行爲。若你「以染污心行動或說話」，他說：「痛苦必然如車輪緊隨牛足般跟著你。」若你以清淨心行動或說話，他繼續說：「快樂將如影隨形般跟著你。」（Dh 1-2）

正業不只安撫你的心，它還對你周遭的人具有正面影響。我曾聽過某個比丘展示正業隨念，如何幫助他人的故事。這位比丘所住的寺院有棵正在結果的波羅蜜樹，波羅蜜果對於寺院非常有用，每個果實都很大，有個富含蛋白質的大種子，以及可做多種烹調用途的厚果肉。食物不足的貧窮家庭可靠波羅蜜果過活，雖然波羅蜜果在市場售價不高，但在貧窮地區，偷摘波羅蜜果卻可能引發謀殺。

一晚，這位比丘察覺有賊在寺院的波羅蜜果樹上，竊賊高立於樹枝上，以繩子放低每個果實，好讓它不會重擊地面引起注意。他就這樣用繩子套住果實，等果實落地再鬆開繩子，然後會把繩子拉上去偷下一個果實。這位比丘靜靜地站在樹下，在每個果實落地時，他幫忙鬆開繩子。

最後竊賊下來了，他看到笑容滿面的比丘時，幾乎快昏倒。比丘溫柔地對他說話，不像是竊盜受害者，反而更像擔心的祖父，懇切地問他：「這些水果夠嗎？你需要更多嗎？」無須大呼小叫，使這人陷入被寺院支持者傷害的危險。比丘平靜與慷慨的反應，令竊賊慚愧得無地自容，他快速離開，從此再未到寺院偷竊。

當違反正業的道德原則時，你應怎麼做？答案很簡單：提起正念。首先，注意你做了什麼。然後，若可能的話，做補救。最後，立下強烈決心，未來要遵守正業的原則。若你犯戒，重新發誓持戒，然後放下錯誤行爲，罪惡感或擔心無法控制的報應並幫不了你。以和比丘對波羅蜜果竊賊所顯示相同的捨與慈悲的態度，看待自己所犯的過錯。當如此反應時，你將加倍地努力修習正業。

正業隨念要點

- 任何有志於心靈成長的人，都應遵守五戒——不殺生、不偷盜、不妄語、不邪淫與不使用毒品、酒精。
- 吃肉不符合殺生的定義。
- 殺生需要動機、知道、計畫與履行計畫。
- 當不殺生時，我們可以成為真正無害的人，並修習慈心。
- 偷盜意指拿別人未給予的東西，包括別人的創意在內。
- 當不偷盜時，我們可對別人的需要保持尊重，並修習隨喜。
- 不邪淫戒包括強姦、操縱某人違反其意願性交，以及和未成年人、動物、別人的配偶或伴侶，還有受父母或監護人保護者性交。它也包括破壞愛人間彼此信任的關係。
- 和配偶或伴侶間的性關係，不被視為邪淫。
- 當避免邪淫時，麻煩的性欲就會減少。
- 我們應避免一切蓄意的濫用感官。這幫助我們捨棄貪欲，以此方式，我們對別人產生布施之心。
- 沉溺於酒精或毒品可能來得很快，也可能是逐漸形成的習慣。它造成很大的傷害，最好能從一開始就避免。
- 當斷絕麻醉品時，我們可以維持一顆清明的心，並努力斷除煩惱。我們可以生起正念，並學習根據事實行動。
- 持更高的戒，即八關齋戒或八終身戒，對於禪定有很大的助益，並能在佛陀之道上更進一步。
- 正念能幫助我們克服誘惑，避免爭吵，並慈悲地回應別人與自己的道德缺點。

第5步

正命

有位學生告訴我某個精明的學佛女商人的故事。有次她想做一筆新投資，有些酒店要拍賣，她知道若買下它們，將有厚利可圖。但某件事阻止了她，因爲她思惟賣酒的生意，了解到有些店裡的顧客可能受到傷害。他們可能酒後亂性；也可能酒精中毒或酒癮加深。爲了保護自己的心靈成長，因此她取消了這筆生意。

這個小故事說明一個嚴正的事實——我們的營生方法，不應牴觸心靈成長。我們無法完全列舉構成正命的職業，但佛陀給了我們一個基本的準繩，只要不對從事者或其他人造成傷害，所有的工作都可以是正命。當然，除非我們已覺悟，否則沒有任何工作是完美的。唯一眞正完美的生計是成就者——徹底斷除一切貪、瞋、癡者——所做的工作。但我們這些尚未成就者，仍能做許多調和工作生活與修行生活的事。

對於多數佛教的道德問題，正命的基本理則有兩重。從事傷害他人的工作本身是錯誤的，因它違反道德原則，但這種工作也因傷害我們所以是錯誤的。由於我們尚未覺悟，無法完全避免不安與痛苦，工作中難免發生引起愛憎掙扎的事情，但我們可避開阻礙心靈進步的工作。若工作造成過度不安，我們的心將無法靜下來禪修。

讓我們看一個明顯的例子。例如某人的工作需要殺害動物，他也許是拿新藥測試白老鼠的研究人員，或是魚販、殺豬人。當此人禪修時，內心可能遭遇麻煩。他每天看見眾生因他所做的事而受苦，看見牠們眼中的恐懼以及奮力掙扎，聽到牠們的尖叫與痛苦哀號。這些畫面一直跟著他回家，爲了工作，他必須假裝那些動物沒有感覺，牠們並非和他一樣是眞正的生命。他內心知道這些想法都是自欺欺人，但仍繼續殺生，因那是他的工作。內心的掙扎，造成禪修期間出現混亂的思想與畫面。他無法修慈，甚至無法放鬆，顯然此人的工作不可能是正命。

我們輕易便能看出有些職業，例如宰殺動物，本來就會使人心神不寧。但對多數人來說，要評估某份工作是否合乎正命，卻要複雜得多。有些工作在某些地方可能可以被接受，但在別處則不然，得視環境而定，例如老闆是否要求員工昧著良心做事。有個三段式問法，能幫助我們決定工作是否合乎正命。

評估正命三問

你可以問自己三個相關的問題，來決定這份工作是否合乎正命。

首先，我的工作先天上就是錯誤的職業嗎？

換言之，它明顯造成傷害？它涉及製造、購買、販售、推銷或使用槍枝，或其他武器？它涉及麻藥或毒品嗎？它必須傷害或殺害生命？佛陀說涉及武器、毒品或殺生的工作，必定都是邪命。

許多工作明顯落入這個範疇。例如，研究與開發生化武器，製造或販賣殺蟲劑，設計導彈系統，以及剝削勞工賺錢，都明顯是錯誤的。我要補充一點，為庸俗小報撰寫毀謗公眾人物的文章，或在電台脫口秀節目散播仇恨言論，都應被視為佛陀所說邪命中的「毒」。

我們還應把佛陀的指導延伸到它的傳統運用之外。從事某些會致人傷亡的暴力運動，例如拳擊，也是邪命。擁有或任職於賭場，或其他賭博設施，也是邪命，如酒精或賭博都可能成癮。它由貪欲所推動，並經常導致犯罪或傷害無辜。更遑論犯罪活動了，無論哪一種都是邪命，包括黑市或其他非法交易、行騙、勒索和腦力犯罪等。危害自身健康的工作，也是邪命。

賣麻藥落在販「毒」的範疇。藥頭們惡名昭彰，他們為了保護地盤、強迫交易或迴避檢舉，而無所不用其極。此外，虛弱而無法自拔的購藥與用藥者，無疑地也受到他們的戕害。用藥者為了得到金錢而犯罪，無辜的家庭成員也受苦：因家暴，或沒錢買食物，或在用藥者入獄、受傷時，感到悲痛。

無論如何，因我們的經濟系統變得如此複雜，有時邪命的構成因素也很難判定。例如，為軍事服務難道必然是錯誤的嗎？它須視情況而定。若這項工作讓人得操作武器，包括使用電腦或發射飛彈，它就可能是邪命。但若只是醫護人員或伙夫，也許不必然有錯。我懷疑伙房的廚子會想：「我想餵飽這些軍人，好讓他們能去殺人！」

我還想到許多其他的工作情況。建造核子彈頭，顯然可被列入佛陀的禁制職業清單內。但開採被用在核子武器裡的鈾礦呢？在從販賣槍械實質獲利的一般連鎖商店工作，必然是錯誤的嗎？在爲剝削工資的漢堡速食店工作又如何呢？你不難想到許多間接對人造成傷害的工作途徑。一個大學教授可能對於做基礎科學研究感到不舒服，因研究結果可能被拿去做軍事用途，或煉鋼工人可能製造生產獵槍的原始材料。

在這些情況中，你應自問：「我直接涉入毒品、武器或殺生等交易嗎？我蓄意對別人或對自己造成傷害嗎？」通則是，你在職的活動和最後可能對別人造成的傷害，兩者之間的距離愈遠，它就愈不符合邪命的標準。

第二，我的工作導致自己違犯五戒嗎？

若一份職業通過初步詢問，接著便是思考它是否鼓勵你違犯五戒正業中的任何一戒。特殊職場的工作倫理，也可能使原本可被接受的工作變成邪命。例如，在法律事務所，律師們可能被勸說維持最高的道德行爲標準；而在另一家，律師們則被施壓破壞證據，欺騙陪審團，或超時收取客戶費用。在工作中犯下這些不道德行爲，將令良心不安，障礙人的心靈進步。我記得一位常來修行協會的律師，每次嘗試禪修時都會不停地哭泣，我一直很好奇，他是否爲了在法庭上求勝而做了錯事，所以才會如此激動。

還有一種情況是，原本可以很棒的工作，只因個人選擇墮落的行事方式而成爲邪命。例如，某個在發給駕照前負責路考的人員，可能很清廉，不收受賄賂；同一辦公室負責相同工作的另一個人，卻可能公然索賄。那個貪污者沒有正命，但誠實者則有。任何一份好的工作或職業都可能貪污。我認識一位馬來西亞醫師，他爲工人開立病假證明給雇主，每一天假收費五元。這名醫師已習以爲常，病人一進入他的辦公室，他第一個問題會問：「幾天？」

有個關於佛陀與他壞心眼堂兄提婆達多大沙門的著名故事，兩人從事同一份職業，但只有一人遵守正命：

根據民間傳說，提婆達多前世早就與佛陀結怨。那時佛陀前世的菩薩行，使不講道德的提婆達多失去一筆生意。

在那一世中，提婆達多的前世與菩薩（譯按：指佛陀的前世）是一起買賣鍋、罐的生意對手。在每個城鎮，他們會先分配好，然後再分頭沿街挨户叫賣：「賣鍋子喲！賣罐子喲！」有户人家只有寡婦與其女兒，她們從前很富有，現在卻一貧如洗，但有個沾滿灰塵的大金缽。婦人不知它的價值，當提婆達多出現在她家門口時，女兒請母親賣金缽來換小首飾。貪心的提婆達多迅速看出這個缽身價非凡，決定隱瞞這個貧婦。他宣稱缽毫不值錢，隨手丟在地上後便離開，想要回頭再來大撿便宜。

過了一陣子，菩薩出現在這家門口，婦人有點遲疑地問他可否賣金缽來換點小首飾。誠實的菩薩告訴她們這個缽的價值，並說他根本連它的一個小角都買不起。婦人喜出望外，並對菩薩的誠實非常欽服。她們請他只要付得出來的錢即可，因此菩薩把所有的錢與一切鍋、罐都交給她們。菩薩拿起金缽，迅速過河，因他猜到提婆達多可能會怎麼做。

菩薩離開後不久，提婆達多返回婦人家。他一靠近，老婦人便衝向他，大叫他竟然想欺騙她們，告訴他另一個小販對她們很誠實，給出很好的價錢。了解自己錯失良機，提婆達多發瘋似地狂吼，撕破衣服，拋下一切貨物，趕緊去追菩薩，大叫菩薩偷了他的金缽。當他抵達河邊時，看見菩薩由船夫運送，已到河中央。他叫他停下來，但菩薩安靜地指示船夫別理會他，繼續前行。看著菩薩漸漸消失的背影，提婆達多內心充滿瞋恨與悲傷，他的熱血從口中湧出，心碎倒地而亡。

提婆達多就這樣被自己不誠實的生意作法給毀了，菩薩則因誠實交易金缽而變得富有。他一生都投入慈善事業與行善，當死時，他的誠實令他轉生善趣，直到最後終於成佛。提婆達多的行爲也令他轉生相應諸趣，他持續成爲佛陀的對手，在佛陀的最後一世覺悟之後，他甚至試圖暗殺佛陀。據說後來大地裂開，他直接生身墮入地獄。（J3）

最後一問，我的工作有干擾我，而使心一直靜不下來的因素嗎？

若某個職業通過前兩階段的詢問，接著你需要考慮其他可能障礙心靈進步的因素。由於沒有任何工作情況是完美的，每個人必須自行釐清難解問題的構成因素爲何。不誠實的工作伙伴？無禮的客戶？可能傷害肺部的化學溶劑？危害環境的產品？或與剝削勞工的公司間接合作？

依我之見，決定工作是否符合正命的最好方式是，評估它對心的影響。想像有間公司傾倒毒物入河，嚴重危害魚類與其他野生動物，後來員工們得知傾倒的情形，其中兩人有志於修習正命，他們一定得辭職離開公司嗎？

一位員工對發生的事充滿憎惡，心中一再浮現電視新聞播報此事的畫面，他思惟決策者的惡質，並假想自己是控訴者而與之爭執。另一位從業員工則對於所有受影響者，包括應為決策負責者，心懷悲憫。她一直希望公司主管能了解這個行為是錯誤的，並採取預防未來再發生同樣事情的步驟，這些想法並未擾亂她的心。有人可能認為兩名員工都必須辭職，因他們都為不道德的公司工作，有人則認為只有充滿不善念的員工必須辭職，因他心中已受到工作情況的負面影響。

我們必須以自己的常識與對佛法的了解，去判斷如何做才對。道德原則確實有重要意義，我們總不希望站在不道德行為那一邊，我們知道漠視道德惡行也是不道德的。若對自己說：「我怎麼做都沒有差別，更何況所發生的事不會眞的影響到我個人。」那我們便是自絕於世界之外。佛陀對於慈悲的教導告訴我們，不應只關心自己與近親，還應關心遠親、鄰居、社會——每個人！人人都只是小個體細胞，但加入數十億的其他細胞後，我們就是完整的世間之身，因此有責任維護正確的事。但很重要的一點是，當如此做時，必須小心別冒犯別人或心懷怨恨地譴責他們。任何計畫的行動，即使是試圖糾正嚴重錯誤的行動，都必須是以對別人與一切眾生慈愛友善的感覺去推動。抱持這種心念，且充滿大悲，然後我們行動。

回到我們的問題，傾倒毒物公司的這兩名員工是否該辭職，我們無法遽下結論。辭職可能是對的，也可能是錯誤的，需視心態而定。只有一件事是確定的：保護與增長自己的善心總是對的，漠視傷害就不是善的，變沮喪、暴怒或憎恨也不是善的。即使決定爲了達到正命必須離職，但在盛怒之下離開，對解脫道並無幫助。心必須保持安定、慈愛與正念，我們必須切記，最高目標是解脫一切貪、瞋、癡。我們能對世間產生的最大影響是，以清明與慈悲之心面對一切情況。從安定與等捨出發，不論行動或拒絕行動，盡量善巧地培養、表現我們的慈心與悲心。

因此，傾倒毒物公司的員工最好的作法是設法讓自己安心。然後，以清明安穩之心，去思考個人與社會的因素，他們必須決定繼續留在公司，是否爲最慈悲的作法。他們也許得思考事件的嚴重性，它是偶發或常態，個人涉入事件的程度有多深，以及是否可心安理得地繼續工作。一個離管理工作很遠的敏感員工，可能會比實際負責的高層主管更沮喪。若公司的不道德行爲影響員工，造成他不安與無法專注，則員工當然必須採取行動。

辭職是一個選項，但還有其他作法。例如，可在公司內採取行動阻止惡行，或向主管機關報告公司的行爲，或協助受害者，或撰寫公司如何預防這類錯誤的深入探討文章，或遷往更有道德的事業部門。若員工眞的選擇辭職，則他或她應慢慢來，也許可從審愼詢問新工作開始。

在每個階段，都應問：「我採取何種行動，才能平等、慈愛、悲憫與關懷地對待一切眾生？哪種行動能支持我的善心？」

除了關心公司的道德之外，內心煩亂也可能危及正命。也許情況原本很完美，卻可能因新員工對你性騷擾而變調。也許你轉調部門，那裡的上司經常發脾氣，或工作伙伴習慣在午餐時喝酒或「閉門狂歡」，工作之後在辦公室嗑藥。

假使你能在這些困難處境中維持自身心態健全，則必須自行判斷工作伙伴的行為，是否會影響你的心及障礙你的心理成長。評估正命是個人之事，同一個讓人陷入不善念的情況，也許可提供另一個人修行忍辱與慈悲的機會。

尋找正命

若你們看出自己的工作不符合正命，有些人可能會感到很沮喪。你可能質疑：「我現在該怎麼做？」你有許多選項，包括不離開現有職務或專業，設法改善情況。如我前面所說，你可以先嘗試鼓勵你的公司亡羊補牢。

若你不舒服的感覺是由於職場上別人的行為所造成，別忘了佛陀的慈心法門。最冷酷無情的心也敵不過慈心，經上說沒有任何事物能傷害流露慈心的人，甚至連子彈與火也是如此，遑論辦公室的騷擾了！若你以修習慈心展開每個工作日，誰知道可能改變多少事情？即使是習慣犯錯者，若某人於某處每天對他們傳送強力與純淨的慈心，有時他們也可能改正行爲。在你放棄一個困難的工作之前，試試這個作法是很值得的。即使工作伙伴不改變，自己的心一定會調柔，也許你會開始對別人所做的事感到友善與慈悲，而那些事以前會令你非常沮喪。

有些職業或情況無可挽回，我們可能得離開，有時爲了遵循佛陀之道，必須有所犧牲。佛陀曾說，我們不應以錯誤的方式求取富貴：

> 不爲自己與他人，貪求子、財與王國，
> 或以非法求富貴，此人具戒、慧與道。
> （Dh 84）

對那些有專長或人脈者而言，離職或換工作的決定並不困難，因牽涉到的犧牲不大。但對較少選擇者而言，放棄穩定薪水的工作，就會感到很害怕，尤其若有小孩必須撫養的話。然而，若事關個人的心靈健全，我們就必須採取行動，我並不是說什麼戲劇化的衝動行動。首先，盡可能做好妥善的計畫，然後當你都準備好了時，就只要放手一搏。經上說：「護法者，恆爲法護。」（Thag 303）意即當你相信心中所知爲眞時，事情便會向最高快樂發展，我在生活中對此屢試不爽，以下是我自己放手一搏，趨入正命的故事。

在成立修行協會之前，我在美國華盛頓特區負責一間小而著名的寺院，長達約二十年之久。我在團體中無後顧之憂，有穩固的地位與強大的董事會，周圍都是家人與朋友，但心裡仍有建立一個可供住宿的禪修中心的夢想，人們可來此學習佛法與禪修。佛陀反覆地說，學習佛法與禪修是人生最重要的事，但我看見許多人並無可前往停留一段時間，以學習禪法的地方。我的動機良善，且信心堅定。

我的家人與朋友們說：「你的地位崇隆，在美國的第一個上座部寺院，且位置就在首府，你不應輕易放棄這一切。」就某種程度而言，他們當然沒錯，離開華盛頓去找一個鄉下的閉關中心，是從一個很舒適的位置跳入未知的領域。

我的朋友馬修．弗力克斯坦（Matthew Flickstein）與我所找到蓋中心的地方，是位於西維吉尼亞偏遠林區的深處。這個人跡罕至的森林，如此祥和寧靜，似乎是個傳法與禪修的理想環境。這塊土地很美，遠離華盛頓的喧囂繁忙，但也是在非常保守的基督徒區，離我們的支持者很遠。我對這個地方完全陌生，從一個人也不認識的情況下開始工作，新協會並無會員，我們不知如何生存下去。家人與朋友擔心我如何餬口，有些人還擔心我的安全，但我認為自己心存善意，無論當地人如何保守，由於我不會傷害他們，且不反對他們的宗教，因此他們不會傷害我。買下那塊地之後不久，我們在路邊豎立一塊招牌，雄心勃勃地寫上Dhamma Village（法村）。有次我回去為一個朋友介紹此地，有人把Dhamma字遮去一半，成為Dam Village。下次我再回來時，招牌已不見了。

雖然有這些不好的預兆與障礙，但我還是進一步投入計畫。幾乎所有認識的人都勸我別這麼做，我想鼓勵的人不到五個。緊急時無人趕得及前來幫忙，親戚與朋友們都在華盛頓，距離一百哩之外。

我無法告訴你草創時到底有多麼困難，即使幫助我成立中心的朋友，在一段低潮時期似乎也有疑惑。保護我的是我對於佛法的淨信，我的夢想是透過教學與寫作弘法，不對人收任何費用。即使當我還是小孩與沙彌時，若有人送我禮物以交換佛法教學，我也會拒絕收取。當我長大時，我得知佛陀禁止販賣佛法，他說：「別成為法的商人。」（Ud VI.2）慢慢地，時光流轉，因緣聚合，我們終於在森林中闢出一個禪修中心來。驚人的事情發生了——就在我們最需要的時候，援助不請自來，且有意想不到的關係來幫忙突破困境。我們就這樣在摸索中進步與成長。

我的經驗告訴我，當我們遵循渴望安穩與快樂之心，且為了正道與真諦而做出犧牲時，正命的回報一定會來到。

然而我也知道，經濟情況可能讓人很難有選擇的餘地，尤其對那些教育或技能有限，或高度專業化者而言。若這個領域只有一個工作來源怎麼辦？若你有許多孩子、生病的父母或慢性病的孩子要撫養，而唯一能找得到的工作是附近的酒店？若你住在必須打獵或捕魚才能維生的地區？對於經濟情況極糟或被迫從事非法活動，例如種植大麻者而言，正命是什麼？若處於這些情況下，你可以提醒自己，你並無傷害的意圖，因此無須為個人直接造成的有害後果負責，以此來安慰自己。佛世時有個故事可說明這點。

一位富商女兒聞法後已達到初果。有一天，一位英俊的獵人來到城裡販賣鹿肉，年輕女子愛上了他。她在未告別家人的情況下跟隨獵人回家，並與他成爲夫妻。身爲獵人的妻子，她必須清理與準備他打獵要用的箭、網與陷阱。她順從地執行這些工作。這對夫妻有七個小孩，且都已結婚。

有一天佛陀以其佛眼觀照世間，他看見這一家人都可能覺悟，遂去拜訪他們。佛陀先去獵人設下的一個空陷阱，他在陷阱旁留下腳印，然後便在灌木叢中等待。當獵人前來看見陷阱空無一物，旁邊卻留有腳印時，便認爲有人偷了他的獵物。他瞥見佛陀在灌木叢中，於是拉開弓箭瞄準他，之後便以此姿勢動彈不得。七名小孩來看見他們的父親，發現他彎弓不動地站在那裡，於是也將弓箭瞄準佛陀，但也都變得無法動彈。

最後，妻子來看他的家人，她發現他們都將箭瞄準佛陀。她高舉雙手，大喊：「別殺我的父親！」當她的家人聽到這句話時，心想這個人一定是她的父親，他們以前從未謀面。丈夫心想：「此人就是我的岳父！」子女們心想：「此人就是我們的祖父！」他們心中充滿對這人的敬愛，因此放下武器並行禮。於是佛陀爲他們開示佛法，聽完後他們都達到初果。

之後，當他返回寺院時，僧眾們好奇地詢問佛陀：「爲何如此？」他們質疑：「這個女人怎麼可能在覺悟之後，還幫忙準備殺害動物的箭與陷阱呢？」佛陀解釋，她並未參與殺害

動物。此外，她並不希望動物受到傷害，只是盡一個獵人妻子的義務而已。（DhA 124）

然後佛陀進一步解釋：

無傷之手掌，能安全持毒；
如毒不入掌，邪惡亦不能
侵入清白心。

（Dh 124）

就如只要手掌無傷口，就能以手持毒而不愁毒侵入一樣，同樣地，只要你沒有傷害的動機，有害的行爲便不能傷害你。雖然獵人妻子準備殺害動物的工具，但如此做只是順從丈夫，因就當時的文化而言，對於這種事她並無太多的選擇。她並無傷害意圖，保護其心免於受到惡報，由於她並不希望動物受到任何傷害，因此行爲是清白的。

若覺得自己的生計是有害的，但確知並無其他事可維持你與家人的生活，你可逐步嘗試找到一個較好的職業。在此同時，傳送慈心給每個受你工作影響的人，且持續專注於良善的動機，來安定你的心。

若接受以正命爲目標，我們可在修行成熟時逐漸趨向它。最後，你的工作應積極促進每個相關人士的心靈福祉，因你的行爲會影響別人。我認識一對創設家庭事業的夫妻，他們做可愛的木頭玩具，針對小孩做特別安全的設計。最後，他們把事業擴展到貧民區，爲許多人提供生計。他們不要求工作者到工廠做事，而是提供材料與訓練，允許工作者在家組裝玩具，然後再按成品件數計酬。這個辦法允許員工們把生活重心集中在家庭上，根據個人需要工作或休息。

有時人們問我：「我如何找到一個善巧的生計形式呢？」由於我基本上從十二歲起便有相同的專職，因此並非告訴別人如何轉換跑道或找新工作的最佳人選。然而，我能說的是：「尋找正命的方式和展開全新嘗試的方式相同，別對它大驚小怪，只要接著做對的事即是。」

正命隨念

接受工作情況是修行的一個面向，並不容易，許多人截然區分修行生活與工作。然而，當坐下來禪修反省過去的行爲時，必須承認我們在工作中所做的事是自己的行爲，即使它們是老闆唆使或工作所需的部分。說謊還是說謊，即使是別人付錢請我們做的。我們必須對所說與所做的一切，承擔現在與未來的結果。因此，對於工作的相關行爲，我們應抱持和其他行爲相同的道德標準。一如正語與正業，正命需要持續淨化行爲，無論是在家裡或在工作中。

當在符合正命的工作中做事時，每個工作日都應對出現的道德議題保持敏感。我們必須非常清楚五戒，並小心絕不違犯。道德議題並不直接涉及需要思惟因果業報的五戒。

當正念禪的修行加深時，我們也許可更加平靜與安忍，以致先前無法接受的情況都可迎刃而解，對我們來說，只要是誠實的工作都是完美的。最重要的考量是，工作不會妨礙可能的心靈成長，只要我們不會因破戒而傷害自己，或捲入其他令人煩惱的道德情況中，我們的心就能變得平靜與安穩。以平靜與安穩之心，我們可以成長，一旦清除障礙，其他的事自會水到渠成。

這個情況可比喻爲我們維持生命的方式，飢餓時吃飯，口渴時喝水，寒冷時穿衣，我們爲了避免生病而做這些事，避開有害、危險的活動與情況。但我們不會四處嚷嚷：「我要活下去！我要活下去！」只要照顧好基本需求，身體自有其生存之道。同樣地，在正命中，我們唯一的責任是避免造成自己與別人受到傷害，好讓自己能保持平靜與安穩。只要心是平靜與安穩的，我們就可在佛陀的安樂之道上禪修與進步。

若我們希望更快速地進步，便可尋找有益於修行或鼓舞我們更快速前進的職業。這類工作提供挑戰我們弱點的情況，使我們可加強它們，但又不致被壓垮，且避免出現目前還不足以應付的問題。例如，想要修習微妙高深禪定的人，最好能從事不過度刺激心的容易且例行性的工作。而刻意修習安忍的人，則可選擇和不好相處的人一起從事挑戰性的工作，他將可因此而獲益良多。

在你的禪修階段中，花點時間使用三段式問法，去評估你現在的工作構成正命的程度，從而確定它還有哪些需要改善的地方。問自己，今天可做些什麼，才能讓工作情況更積極地利益自己與他人。

正命隨念要點

在此有幾點關於正命隨念的憶持要點：

- 我們的謀生之道不應妨礙心靈成長。
- 我們可使用三段式問法，去評估一份工作是否符合正命。
- 在第一段詢問中，我們檢視工作是否先天上便對他人或自己有害。
- 在第二階段，我們考慮工作是否造成自己違犯五戒中的任何一戒。
- 最後，我們自問和工作有關的其他因素，是否使心難以安定。
- 慈心可改善困難的工作情況。
- 若你並無傷害的意圖，則心不會被工作的負面影響所傷害。
- 正命是我們在修行成熟時逐漸趨入的目標。

第6步

正精進

每一剎那我們都選擇擁抱善或不善，我們並非無助而被動的命運被害者，不是更大力量運用的籌碼，所有經驗的發生也不是預先決定的。在這一剎那我們選擇，然後在下一剎那經歷選擇的結果，伴隨過去選擇的所有持續影響。這一剎那一個善的選擇，爲下一剎那的快樂創造一個好的心理環境。若前一剎那是相對純淨與清白，那麼當前這一剎那也一樣會是。由數不清相當純淨的剎那，我們就經歷一秒的快樂，一秒秒累積成較長的快樂時刻。生命便是由這些微細的小選擇所造成，無數的選擇就發生在分秒之間。

但這些微細的心念並非展開修行之處，你必須從能看得清楚的地方，由外在的行爲開始。首先，遵守五戒，並停止戕害心靈成長的行爲。一旦心不再受惡業果報所影響，它就更容易看清楚內在正在發生的事，接著才可放慢速度至能看見念流的程度。之後，提升能力到能看見心如何移動，看見每個剎那心生、住與滅。然而，剛開始，只要在念的洪流出現時，能覺知它們即可。

以那覺知，我們使用正精進去做新選擇。佛陀勸導大眾選擇善念而非不善念，且時時培養善念，直到不善念不再返回爲止。佛陀說要完成它，可藉由持續激勵自己：「精進、奮起，並用心。」（D 22）

在八聖道的第六支正精進中，佛陀將此過程拆解爲四個部分。第一，以強烈的決心與努力，盡力防止痛苦不善的心念生起，包括憎恨、嫉妒或貪欲等。然而，雖然我們已做了最大的努力，但由於尚未覺悟，有些負面的心念仍會溜進來。接著做第二種努力，激勵自己斷除一切已生起的不善念。第三，以諸如慈愛、放捨或悲憫等善念，取代那些不善念。最後，進一步努力增長這些令人愉悅的善念。我們愈努力，心就會愈清明與離苦，且自然會感到更快樂。

不論要完成什麼事都需要精進。這眞實顯現在日常活動中，例如油漆房屋或推銷業務，在心靈努力中更是如此。正精進交織融入正道的每一個步驟，當以四種精進去研究佛法，讓心健全、清明與能領悟時，我們可達到聖道中的正見。然後將四種精進運用在身、口、意行上，成就正業、正語與正思惟。當行使四種精進，將道德原則運用在生計上時，我們達到正命。把精進運用到禪修，可導致正念與正定。我們可持平地下此結論：正精進是完成八聖道各支必須的動能。事實上，勇猛精進地訓練自己，是成功的重要條件。若無奮起精進去達到善念，趨入安樂目標的腳步便走不遠。

我們也許寧可相信在佛陀之道上前進，最重要的是保持注意，這聽起來當然比勇猛精進要容易得多。但嚴正的事實是，簡單而普通的注意並不夠，必須學習保持正念的注意——包括從事禪修與其他修行時，以及進行日常生活的活動時。佛陀知道，除非在生活的每個面向中都提起正念，精進斷除不善念，並增長善念，否則我們的心永遠無法有足夠的安定，讓自己得以進步。

現在，你也許心想：「我就知道有圈套！這聽起來似乎頗困難。」沒錯，你是對的。把負面特質深埋在潛意識裡，當然比斷捨它們更容易。貪欲、瞋恚、憎惡、邋遢、傲慢、勢利、惡毒、懷恨與恐懼等，都可能成為我們熟悉的日常習慣。我們希望最好別大費周章地努力斷除它們，但在此同時，卻又想要快樂並趨向心靈目標。

正精進是讓整個聖道成為可能的堅韌特質，它是魄力──「這些不善的思想與行為的習氣，現在就必須消失！」它也是智慧──了解唯有增長正與善的身、口、意行，才有希望達到安樂。

十結

為了斷捨不善的習氣，我們需要認出它們。淺顯地說，我們希望斷除的東西，是一切阻礙自己感受快樂的心念。若想要去除花園的雜草，必須要能分辨雜草與花卉，在此的情況也是如此。起初，發現內心花園充滿雜草，我們辨認與移除諸如貪與瞋等不善法，代之以諸如慈與悲等有益的善法。

若停下來想一想，可能會發現自己心中的雜草名單。你會明白，當正感到暴怒、嫉妒、欲貪或復仇心重時，無法同時是快樂的。無論它們外觀如何，在這些不善法底下，它們的根本都是相同的——貪、瞋與癡。

你可將隨愚癡而來的貪愛，視爲一切內心雜草的根本。貪愛展現爲十個深沉有力的精神糾結——「十結」，它們是扭曲的知見，就如河道影響水流般影響思想，這些「結」令思想直接流入痛苦。此生悲慘的童年或其他不好的經驗，不會造成這些結，它們是過去多生多世累積而成的，是每一世與該世痛苦的因。結的出現阻礙覺悟，並確保來生，它也造成此生。

我們通常以哪些果位得斷除哪些結，來區分這十結：

到達初果斷除的結：

- 有身見（相信有恆常的自我或靈魂存在）
- 對於佛法的疑
- 戒禁取見

到達第二與第三果斷除的結：

- 欲貪（粗貪）

● 瞋恚

到達第四果斷除的結：

● 色界微細貪
● 無色界微細貪
● 慢，或自我身分的潛在認知
● 掉悔
● 無明

凡夫心中始終存在十結，至少是以潛在的方式存在。有時其中之一會衝到心的最前方，造成此人嚴重誤解實相並受苦。每個剎那心至少都含有微細的貪結與無明結，但其他結有時會加入它們。

當智慧一點一滴增長時，我們削弱這些結，最後在證果時斷除它們。每次突破之後，就達到更高一層的覺悟階段。當斷除前三結時，達到初果。當削弱次兩結時，達到第二果，殘餘的少量貪與瞋，比起已斷除者要微細許多。當斷除殘餘的貪與瞋時，達到第三果。最後五結非常微細，徹底斷除它們，便能達到最後的第四果。

有身見

第一結——相信有恆存的自我或靈魂，使人誤以為五蘊存在和自我或靈魂有某種關係。這個結可能展現為色、受、想、行、識，都是一體且等同靈魂的邪見，認為它們是「完全相同」的。除此之外，這個結可能造成一種信念——相信這五蘊擁有靈魂（或那個靈魂擁有這五蘊），我們可能認為，靈魂造成五蘊的聚合（或五蘊造成靈魂）。最後，它可能展現為一種信仰，即靈魂或自我是一回事，而色、受、想、行、識則是截然不同的另一回事，和靈魂無關。

這個結最常呈現的方式是，認為我們在前世中擁有一個靈魂，它遞延到此世，現在擁有我們的五蘊，而它將在死後離開身體，進入另一個存在。本質上，這信仰是建立在靈魂是恆常與永遠不變的觀念上。

疑

第二結——疑，是專指對修習戒、定、慧，是否能導致安樂的佛陀之道的懷疑。在你偏離當下的如實覺知，以及不智地思惟易引發不確定感的事物時，就會愈發積極懷疑。某些「不可知」以其刺激與強化疑結之力而聞名，諸如宇宙如何，以及何時存在之類的疑問。

一組引發疑惑的主題牽涉到過去與未來的問題：「我出生之前存在嗎？我曾擁有怎樣的過

去世，它們像什麼？死後有生命嗎？我將擁有何種來世？」

現在也可能令我們充滿疑惑：「我存在嗎？我不存在嗎？我好嗎？我是誰？我如何達到現在的狀態？」

另一組不時來自內心的相關思慮，也激起我們的疑結：「我有沒有一個自我？我是藉由自我或非自我之事物，來感知自我？或我是藉由自我感知非自我呢？我的自我在思考與感覺，以及不時感受善行與惡行的果報，這不是理所當然的嗎？難道自我不是恆常、穩定與不變的嗎？」（M 2）

這些問題與思慮，把我們帶入懷疑、困惑的死胡同與密林中。浸淫此中，讓我們無法對眞正重要的事保持正念。這些問題永遠無法得到滿意的解答，且只會困擾我們。但除非我們達到初果，否則它們會一直盤旋在心中。佛陀建議人們，只要看著這些問題生起與消逝即可，別追逐或擔心它們。此刻，努力試著去了解與思惟由個人經驗覺知之事，而非只是憑空推理。

相信佛陀的安樂之道，許多人都已由此達到覺悟。以佛教的術語來說，相信即自信——根據你目前所見而有的信心，以及根據所見可推比爲眞的信心。例如，你親身體驗過，每當充滿負面心念時，就會感到痛苦。你回想，每次充滿正面心念時，則感到快樂。當這些心念改變時，你看見它們的無常。這些是事實，你可以信賴它們。這種信心讓你堅持走在正道之上，終而證悟實相，不再存有任何疑惑。

戒禁取見

第三結是往外尋求一些輔助資源，而非從內淨化的內心本能意向，它顯現爲執著規定與禁制能有效帶來覺悟的信念。你可能認爲究竟安樂可藉由舉行儀式、祭祀、祝由、讚頌、供養佛陀，或神祇、祈禱、念誦咒語，而非禪修或在日常生活中運用佛法來達成。這個執著浪費你的時間，並限制你洞見實相的能力。因此，你阻礙自己在覺悟之道上的進步。

粗貪（欲貪）

貪結是貪求任何一種欲樂，包括貪求任何一種令人愉悅的色、聲、香、味、觸，甚至肉體本身。它也包括貪求一切思想、觀念、信念與見解。

瞋

瞋結是厭惡任何令人不愉快的事物，任何你不喜歡的事物。

細貪（色貪、無色貪）

對於色法與無色法的微細貪愛、慢、掉舉與無明結，是貪最微妙的形式，這五結構成究竟覺悟的最後障礙。對色法與無色法的微細貪愛，是指求生的總意志，它以某些形式存在，任何一種形式皆可。

對於存在於此肉體「之中」的渴愛，在斷除粗層的欲貪時消失。然而，仍有以某種更微細的「妙色」形式存在的渴愛，例如渴望以某種天界的身體存在（譯按：此即色貪），經上說這是某些更高神祇的形式。或若非以天界的身體，人們甚至渴望以完全無身體的形式存在（譯按：此即無色貪），經上說這是已達到最高層次禪定者的未來存在形式，他們已成爲最高層次的天神。

慢

「慢」是指身分認同的經驗特質，它是相續不斷的「我」的意識，許多誤解與疑惑由此源源不斷地流出。多數時間，心總想著「我……我……我……」，從來都不了解「我」的意識，不過是心理過程另一個無常與無我的經驗。例如，心可能會說：「我聽到一個聲音。」但以智慧觀察得到的實相是，了知那裡只有聲音。

掉悔

掉悔結非常微細，不像同名的「掉悔蓋」。「悔」是一種由於預期未來會有衝擊，甚至心中最微細不善業習的衝擊，所引發的苦惱。它造成掉舉，此時心無法安住在任何事物上。掉悔使心如風中的旗幟般不停地擺動，因此無法止息並了解自己無常的實相，就如心一再地被害怕它不存在的恐懼所驚嚇一般。熟練的禪修者有時會因掉舉一再地出現，而感到挫折。除非徹底覺悟，否則這個結不會完全消失。

無明

無明結是指持續對痛苦的本質、原因、可能息滅與滅苦之道的蒙昧無知。換言之，即對四聖諦的無知。

十結有極強大的力量，當我們覺知它們生起時，它們就像熱鍋上的水般熾熱，需要非常努力才能冷卻下來。它們爲何被稱爲「結」？因爲它們就像堅固的鐵鍊般，把我們束縛在此世與未來無盡生死輪迴的痛苦中。

這些鍊條的作用既微細又隱伏，但在正念覺知下，可看出它如何發生。讓我們來檢視第四結——粗貪，我們知道自己有六根——眼、耳、鼻、舌、身、意，可注意這六根與外境的接觸。因根、境之間的經常互動，樂受可能生起，此時心中可能生起對欲樂的貪愛。在正念覺知下，我們可察覺欲貪的生起。若因某種原因，欲貪並未生起，我們也能察覺無欲貪。

欲貪使我們想要這樣東西或那樣東西，喜歡這個時候或那個時候，喜歡這個人或那個人，或色、聲、香、味、觸、法等境，因這些喜歡或不喜歡，我們的心總是在執著或排斥。最重要的是，我們喜歡生命且執著它，或排斥它。因此這個對於欲樂的粗貪，增強了把我們束縛在輪迴中的鎖鏈。

在接觸的瞬間，任何結都可能生起。讓我們檢視永恆自我的信念，在根、境接觸時，可能生起樂受、苦受或不苦不樂受。在那一瞬間，永恆自我的概念生起：「是『我』讓『我』能感覺，而這個讓『我』能感覺的『我』，是以堅實、不變與永恆的方式存在。」這個相信有個恆常自我的結，限制我們追求樂境，排斥苦境。這個「我」並不快樂，它無法一直遇到想要的樂境，因周遭的外境並非都是令人愉悅的。

然而，若能眞正看見生起的感受是無常的——覺知它的出現與消失——就不會執著它，我們會繼續向前行，若可認出任何事物都會消逝的本質，並在它消失時放下它，心就會解除一直尋求樂境的壓力。若我們可對一切出現的事物保持正念，覺知它一定會消逝，「有身見」的結就會消失。

讓我們看看另一個結——戒禁取見。也許你每天早晨有點蠟燭並祈求解脫痛苦的儀式，當早上起床時，你心想：「啊！我一定要舉行我的儀式。」你不嘗試藉由增長智慧、禪定與善法來減輕煩惱，卻執著早晨舉行儀式會帶來快樂的信念。幾年之後，即使從不曾錯過一日儀式，但你在覺悟之道上卻絲毫沒有進展。

若集中注意力觀心，當六根接觸六境時，你會看見結的生起。除非你達到覺悟，否則每次根、境接觸時，結都會生起。正念可幫助你分辨根、境與結的生起。當結出現時，你應保持正念，努力克服它們。當它們消失時，你應注意那個狀態，當它們未出現時，你也應覺知那個狀態。

五蓋

由十結衍生出某些粗野與不善的心理狀態，阻止你在禪修中取得任何進展，以及在生活中善巧地行事，這些心理狀態稱之為「蓋」。若結像風，那麼蓋就像颶風。蓋為初學禪者帶來浩劫。

五蓋是貪、瞋、昏眠、掉悔與疑，它們視情況由結生起，如火焰從熾熱的煤塊竄起。但就如火焰，若正確地運用正精進，即可將它們撲滅。

五蓋可被禪定或穩定的正念制止，正念或禪定令它們冷卻下來，並在生起時克服它們。心若無五蓋，會自動變得光明、輝耀與清晰，這種心最適合修習善法，適合禪定，以及適合洞見諸行無常。每個人都可能去除五蓋，至少暫時地，只要潛伏的十結繼續存在，五蓋就可能一再地回來造訪心。但若善用四種正精進，你就可能減少並縮短它們的造訪。當你善用正精進時，就能減輕或解決五蓋對你禪修或日常生活的困擾。

貪欲

貪欲蓋是渴望獲得東西。禪修時，此蓋以想擁有食物或物品的貪念，或以性欲的形式出現。這些念頭會浪費許多禪修時間，浸淫於此會演變成難以破除的習慣。

這個貪欲陷阱和猴子被計誘捕獲並無不同。設陷阱者在椰子頂端削出一個小洞把椰漿倒光，切下一些椰肉留在殼底，然後把殼緊緊綁在樹上。猴子把手深入小洞抓取鬆散的椰肉，牠試著把椰肉掏出來，但拳頭無法伸出小洞。當設陷阱者回來時，貪心的猴子緊握著椰肉不放，因此無法抽回手，當在掙扎時，設陷阱者輕易地抓住牠。猴子的行爲確實可悲，殊不知，其實我們都被貪欲所捕獲。

瞋恚

瞋恚蓋包括憎恨、憤怒與厭惡，來自於我們渴望避開不喜歡的事物。瞋恚被比喻爲沸水，當水正沸騰時，很難接觸它而不被燙傷，也看不到鍋底。換言之，瞋恚對你的燒灼更甚於對別人的傷害。當你怒火中燒時，永遠無法發現眞正的原因，或對敵意「追根究柢」。瞋恚也扭曲我們的感知，並使喜悅變質，就如疾病使得美食索然無味，讓我們無法好好享用它一樣。同樣地，當心充滿瞋恨時，我們無法欣賞旁人美好的特質。

昏眠

禪修期間，經常發生人們對抗貪欲，然後對抗瞋恚。一旦它們都被擺平，會有片刻的安寧，但接著心就會昏昏欲睡！昏沉與睡眠都來自無明結。昏沉是心的遲緩，而睡眠是身體倦怠。當感到懶散或想睡時，不可能專注或完成任何工作，也不可能修習正念或禪定。昏眠的障礙可被比喻爲坐牢，當你被監禁時，不知牢房外正在發生什麼事。同樣地，當允許心陷入昏沉或身體陷入睡眠時，你不知周遭或心裡正在發生什麼事。

掉悔

後悔（憂惱已做之事）造成掉舉，因此兩者並行。它們都無法導致清楚思惟、清楚了解與清楚覺知。這個障礙被比喻爲奴役，奴隸爲了取悅嚴厲的主人，而非常辛苦地工作，總是處於害怕被懲罰的後悔與緊張之中。奴隸愈緊張與掉舉，就變得愈容易後悔，永遠無法享有安穩之心。

疑

疑蓋是困惑，不知正確方向或該轉向何方，它是激起思想的火花，而非能觀察當下正在發生的事。疑就像前往沙漠，卻無地圖或指南針。當你穿越沙漠時，很容易感到迷惑，因很難辨識地標。別人所給的方向可能正確，也可能錯誤。因此，對於佛陀教法起疑時，你會感到困惑，很難決定該如何做。

你坐在那裡想：「人們眞的覺悟了嗎？這個修行眞的有幫助嗎？我如此做對嗎？別人似乎做得比較好。也許我應改變作法，或嘗試換個老師，或以全新的方式去探究某事。」這些懷疑消耗你的能量，製造困惑，並使你無法看清任何事。

四正勤

現在我們可以來討論看看，如何處理五蓋與十結的心理雜草，並培養更好的心理狀態。佛陀教導四個修心的步驟。你可以把正精進運用在：

- 防止未生的惡法
- 斷除已生的惡法
- 修習未生的善法
- 維持已生的善法

防止未生的惡法

你的第一道防線——防止未生的惡法於未然，如何做？藉由維持無間的正念。如此而已。正念需要修行，而修行需要精進。修行正念有五點——戒、念、慧、安忍與精進，精進被運用在其他每一點上。你從善戒開始，那需要精進，如在先前道支的討論中所見。以戒爲安穩的基礎，你將精進運用在一切已能記得練習的念之上。念的一個面向是「記得」，而這應隨時保持活躍，一次次記得反覆將心運用在當下，你成功警覺的時刻將愈聚愈多。我曾聽過一句話：「永遠不應浪費片刻之念。」

然後你運用內觀，將漸增的智慧引入精進。你停下來想：「此事上次結果如何？」感覺犯錯的衝擊，將讓你發憤在未來避開它們。當你對於實相的智慧加深時，反覆提醒自己新的優先選項，且不願一刻失去念與慧而空過。若失敗，你便運用安忍——承受苦報，然後耐心地再次努力保持正念。

發展穩定的正念可能是個漫長的過程，因此佛陀給弟子們關於如何護心的一些告誡，他建議必須施行「正知」，並避免「不正知」。（M2）他解釋，你應忠於當下經由五根覺知爲眞實之事，那是你的領域（行境）——你眞正的家。「想」會令你偏離安全之地，例如，禪修時聽到一個聲音，只要覺知「聲音」即可，別猜測誰發出那聲音，以及它是什麼意思。工作當中察覺寒冷的苦受時，只要觀察這個感受，別對於大樓的空調系統產生意見。如同在公車站等車，觀察你的思想都只是通過的現象，就如通過的汽車，別隨便搭上它們。

佛陀勸他的僧眾忍受現實生活的微小不適，別自動嘗試修復它們。若你一直選擇改變事物以獲得舒適，心將變得挑剔，不善法將更快生起。例如你察覺禪房太溫暖，別起身調整恆溫器或打開窗戶，只要注意溫暖的感覺即可。注意身體不適的改變，以及內心對它反應的改變，學習忍受小事。當然，有些人會把這個建議過度引申，若發生緊急狀況，你應警覺地處理它們。

佛陀也鼓勵避開愚蠢與漫不經心的人，因我們很容易有樣學樣。親近値得學習的有德之士，尋找行爲正直、警覺、自制與穩健的善知識，必要時親近此人，並尋求他的建議。

佛陀進一步建議弟子們，別注意任何外在刺激的「相與形」，它們可能引發不善心所。「相」即鉤，吸引你眼睛的事物，讓你想更仔細地觀察某事，進而衍生不善法。「形」即你注意對象的某些特質，會進一步激起不善法。例如，已婚男人可能會被建議，別去注意或流連於令人害羞的行爲，或特別迷人的美女畫像，那可能會令他無法自拔。同樣地，已婚女人也可能會被規勸，別去注意戴著婚戒的俊男，或允許自己停下來欣賞他的笑容。佛世時有個故事可說明此點：

有位比丘的獨身戒受到反覆出現的性幻想威脅，於是他修習骨想，以除去這些惱人的念頭。有一天，他在森林步道上行禪，一位美女也走在同一條路上，她剛與丈夫吵過架，正要前往娘家。當她看見比丘並與他擦身而過時，她對他微笑。

過了一會兒，女人的丈夫沿著這條路來找妻子。當他看見比丘時，他問道：「行者，請問你有看見一位美麗的少婦走過嗎？」

「我不知道那是個男或女，」比丘回答：「但我看見一具骷髏走過。」（Vsm 1[55]）

這位比丘於禪修運用正精進以防止欲念生起，保護心遠離不善法。

若能維持正念不斷，就沒有任何事能攪亂你。你不會生氣或激動，無論任何人說什麼或做什麼都能忍耐。不善念或惡念無法與正念同時生起。

你可能會發現，只要未遇到討厭的人或事，防止惡念很容易。當每件事都順利地進行時，很容易保持正念完整，甚至慶幸自己能維持安忍，並接受家人、朋友與同事對你自制與寬容的讚許。但當事情開始出錯時，你的耐心與正念就會開始潰散。佛陀講過一個故事，說明這情況可能多麼容易發生。

曾有一位貴婦，有個負責且能幹的女僕。女僕在這家人醒來之前很早便起床，她整天工作到晚上很晚才休息，唯一的休息時間就是每晚睡幾個小時。

她經常聽到鄰居們高度讚許她的女主人，他們說：「這個貴婦對女僕很仁慈，很有耐心，從未看過她發脾氣，我們好奇她如何成爲這麼好的一個人。」

女僕心想：「這些人給我的女主人很高的評價，他們不知我爲了保持這屋子整潔多麼辛苦地工作，我必須親自測試這位女士到底是多麼仁慈與有耐心。」

翌日，女僕晚一點起床。當貴婦醒來時，她注意到女僕還在睡覺。她斥責她：「妳這個蠢女人！都睡到日上三竿了，立刻起床回去工作。」

女僕起身，她並未睡著，只是在假裝睡覺。起床後，她向女主人道歉，然後開始工作。

翌日，女僕起得比前一天還晚，貴婦暴跳如雷。她嚴詞責罵女僕，並威脅若再晚起，就會打她。

第三天，女僕仍很晚起床。貴婦怒不可遏，她拿起掃帚打女僕，直到她頭破血流爲止。

女僕負傷衝出屋外大叫：「看吧，朋友！我的女主人因我今天晚一點起床而責打我。昨晚我一直工作到半夜，頭很痛，因此今天才會晚點起床。」

那些過去稱讚貴婦有耐心與慈悲的鄰居們，很快地便改變了他們的看法。（M 21）

在一段漫長與放鬆的度假後，或當你從閉關禪修返家時，你們也可能經歷類似的崩潰。當離開時，你的憤怒、不耐煩、嫉妒與恐懼都隱而不現，你感到祥和與快樂。但一旦回到家，接到一通令人心煩的電話，或看見一張忘了繳付的賬單，或某人踩到你的腳趾，此時你的憤怒全部爆發開來。那一瞬間，祥和之心消失了。你因此質疑：「我如何才能在每天的生活中，都維持這種快樂休假或閉關禪修的感覺？」

這個答案是正念。必須切記，並非別人或某個困難的情況造成你的問題，你受到自己的過去所制約。除了嘗試維持不斷覺知之外，學習認出內心習慣的特殊弱點，能幫助你防止不善的反應生起。

例如，假設你在一間昂貴的店舖選購手套，而店員非常無禮。你從過去的經驗得知，無禮的店員將令你氣憤。因此，你小心翼翼地保持正念，排除任何瞋念。你如理思惟：「嗯！這個店員也是人，也許他沒睡好，或他有經濟困難、家庭問題，可能他對我的種族或國家的人並無安全感，或可能他今天心情不好。這些都可能是他無法禮貌地對顧客說話的原因。」

這個技巧聽來容易，其實不然。我們的心尚未調伏，無法防止負面的思惟形態。憤怒很容易，批評別人很容易，擔心明天很容易，想要東西很容易。這些心的習慣就如垃圾食物般，一旦你開始吃一袋薯條，就很難停止。防止惡念生起也很困難，一旦你上癮，就很難擺脫。如佛陀所說：

善人行善易，惡人行善難；
惡人作惡易，善人作惡難。
（Ud V.8）

害己之事極易行；利己之事甚難做。
（Dh 163）

然而，你應堅守這個認識：預防一定比治療更容易。以正精進修習正念，防止惡念與惡行生起於未然，若訓練自己保持正念，則預防身、口、意有害的習慣並非不可能。在認眞努力防止惡念與惡行，它們卻依然生起時，你不應灰心喪氣。那並不表示你是個壞人，只意味著你還有更多的功課該做。你應感到高興，因還有個好幫手能來幫你：精進斷除不善法。

斷除已生的惡法

在完全覺悟之前，我們無法選擇什麼思想會生起，因此無須感到羞愧，或對出現的事有厭惡的反應。然而，我們仍得做選擇，選擇那些我們允許它增長的思想。正面與善良的思想有助於心，應被培養。負面與不善的思想，諸如五蓋與十結，則傷害心，應以正精進立即對治並斷除。這是佛陀的建議。

斷除五蓋

你如何回應五蓋，端視它有多麼根深柢固而定。五蓋不會完全成熟，它們剛開始只是一個負面的心理瞬間，然後逐漸增長。你愈快逮住這個思想系列，就愈容易制止它。任何時候只要五蓋出現，你就無法在正念或禪定上取得進步。

起初這很簡單。某個蓋生起，只要注意它即可。例如，你注意自己正有貪欲、瞋恚、困惑或擔憂的念頭，或心已陷入不安、昏沉或沮喪的狀態。在這個最初的階段，五蓋非常微弱，因此斷除它們的方法也是溫和的，只要注意負面心念的出現即可。藉由單純的注意，負面心念消失，你注意它的消滅，以及這個消滅如何促成布施、慈愛與智慧生起。

若某個蓋已發展超過最初階段，則你必須採取更強烈的手段。首先，以完全的正念觀察負面思想，徹底地注意它，注意它對你身與心的影響。觀察它的無常本質，觀察造成念頭生起的環境、外觀、心情、感受、心情與其他各種情況的無常本質。思惟若沉溺於此惡念，可能對自己造成傷害，以及依此惡念行動所可能引生的更大傷害。

現在，規勸自己。提醒自己每件事都是無常的，以及造成這個想法或心念生起的情況一定會改變。例如，若某人說了令你氣憤的事，提醒自己生命中面臨的問題——擔心金錢或健康，憂心工作或家庭等。告訴自己，此人可能正經歷同樣的問題。你無法確知某人內心於某個時刻，正在發生什麼事，坦白說，你甚至不知自己的內心於某個時刻，正在發生什麼事。事實上，發生的每件事都取決於許多不同的因與緣，如此思惟可能讓你的負面心念消退。

例如早晨在壞心情中醒來，你不知有任何特殊理由，爲何會感到沮喪、憤怒、消沉、急躁或不高興。但若仔細回想，你也許會記起晚餐吃了一些辣味食物，或在睡前看了幾個小時的電視。但吃辣味食物或看電視本身，並非你早上心情不好的原因，這些行爲本身是其他因素的結果。也許你那天稍早之前，曾和兒子或丈夫吵架，且因沮喪或焦慮而比平時看了更久的電視。然後你可能記起，吵架是由辦公室裡的困境所引發，它本身是其他因和緣造成的結果。因此，經歷的每件事背後都有其因素與機緣——遠超過我們所能分析與認知。這些因素都彼此相關，沒有單一事件可造成別的事。因此，無須藉由責怪自己或別人，來讓負面心念愈演愈烈。

此外，你可提醒自己，幸好一切事件與情況都會改變，並無任何事能維持一成不變。當你感到徹底絕望時，會以爲情況不可能改變。然而，當更仔細觀察時，你會發現這個信念是錯誤的。人會變，情況會變，你也會變，沒有任何事不會改變。因此，隨著時間流逝，沮喪的心情或憤怒的心理狀態也會改變，你對於討厭的人或事的感覺會改變，你的態度會變，別人的態度也會變。有時當心情好或不好時，你以爲心情永遠不會改變，連「這永遠不會改變」的想法也會改變。當了解這點時，你會放鬆一些，而負面心念也會開始消退。

最難斷除的一種負面心念是，你一直未注意，以致它變得根深柢固，這種心念障礙心並阻撓它發展。當打坐修習正念或正定時，你也許會注意到這些念頭的存在，因一些負面心念一直在腦中縈繞，你無法專注於呼吸。在此情況下，你需要使用更強的精進。

這也許是藉由檢視可疑的心念，以發展內觀的好時機。若是如此，你暫時按下修定或觀察感受與心所的生、住與滅的計畫，把心安放在徹底檢視正在發生的事情上。使用這個檢視的方法，是「正思惟隨念」一節中的第二步驟所說。然而，若你偏好繼續原先預定的修行，有幾個補救措施可用。它們被依強制順序表列如下，若前一項失敗，就嘗試下一項。

- 忽略它。
- 把心轉向別的事上。
- 以蓋的對立面取代它。
- 思惟此一事實：諸蓋都是從許多因、緣衍生，且是不斷變遷的。
- 咬緊牙根，舌抵上顎，盡一切努力斷除它。

例如，你一直憤怒地想著和朋友的爭執，只是注意這個想法，無法讓你釋懷，規勸自己也失敗，你也曾嘗試忽略這個想法。（如佛陀所說：「唯有當你注意它們時，你心中的一切事物才會生起。」〔A IV（Eights）IX.3〕當你不注意任何一種念頭時，它就會消逝。）但這個方法也無法斷除你的瞋念。當坐禪時，和朋友的對話一直縈繞在你心中，這些想法燃起怒火，使你的內心無法平息。

你能怎麼辦？你可把心轉向別的事，把注意力轉向完全不同的事，如明天已經計畫好的歡樂活動。若失敗，就把心轉向憤怒的對立面——慈心。回想你和朋友曾有過的平靜與和諧的時光，讓這些美好的回憶充滿內心。然後嘗試傳送慈念給朋友，若這感覺好像太困難，就傳送慈念給孩子，或藉由回想老師或所愛之人的特質，而激發慈愛的感覺。當散發慈念時，你心中便容不下憤怒。

若瞋念還是持續，就得嚴肅地看待它們。注意它們如何改變，生與滅、出現與消失。思惟你因沉浸於不善念，而蒙受喪失內心安穩與心靈成長之苦。

若一切嘗試都失敗，則你必須盡全力摧毀負面想法——用佛陀的話來說：「如力士擊垮弱者。」換言之，你絕對不能讓不善念贏。你也許心想，這個咬牙切齒摧毀負面念頭的方法似乎太嚴厲，不太像所曾聽過的其他修心教法，甚至可能認爲它似乎不符合佛教溫和的性格。

但發憤精進，其實與佛陀的生活與教導相當一致，他教導我們要勤勉努力。如先前所說，正精進是完成每一八聖道支的動力來源，依據正精進，我們小心預防有害的身、口、意行。依據正精進，我們克服壓力、焦慮、憂愁、恐懼與怨懟。依據正精進，我們修習正念，培養那些自己尚未察覺、已擁有的內在美好特質。

讓潛沉的美好特質浮現到內心表面。依據正精進，保持它們，且不忘失它們，一再反覆地練習它們。如佛陀所說：「讓我的血液枯竭！讓我的身軀枯槁！讓我的身體只剩枯骨！除非達到覺悟否則我絕不從禪座起身。」（M 70）從他覺悟那天起直到入滅，佛陀不斷提醒人們，要同樣不放逸地精進修行。

有時人們會不顧這個教導，說心靈成長得靠「無功用精進」。我必須抱歉地點醒你！朋友，並沒有無功用的精進。精進必須平衡，過度努力或不善巧地努力，都可能造成內心壓力過大，而輾轉落入不善法中。但若不太努力，則會厭煩、疲倦或失去興趣。因此，你必須無間斷地精進，平衡地駕馭精進與善心所。

事實是，沒有精進你永遠成不了什麼大事。每個偉大的發明都需要精進。電燈、汽車與電腦都不會因某人輕鬆閒坐而平白無故地產生，發明者爲了目標而廢寢忘食。若你著手如禪修的大計畫，則一定要奮發精進以達成目標。若是有需要，也必須願意嚴格自律。有個關於佛陀的故事，便清楚地說明這點：

一位馴馬師問佛陀：「你如何訓練弟子？」

佛陀問他：「你如何訓練馬匹？」

馴馬師回答：「我運用溫和的方式，若無效，我便運用嚴厲的方法。若無法以嚴厲的方式訓練馬匹，我便殺死牠們。」

佛陀說：「我也是如此。我使用溫和的方法，若無法用那個方法訓練弟子，則我使用嚴厲的方式。若我無法以嚴厲的方式訓練他們，我就殺死他們。」

接著馴馬師說：「你應是教導不傷害眾生吧！你怎麼能殺人呢？」

於是佛陀解釋他的殺法，是以聯合抵制或完全忽略那人的方式，「殺死」桀驁不馴者，從此之後，他將被排除在僧團之外。（A II〔Fours〕XII.1）

經典說了一個著名的事件，其中佛陀用了這個方法：

佛陀有個老朋友名爲闡那（Channa，或譯爲「車匿」），他曾是佛陀的車夫與兒時玩伴，且是載悉達多太子出宮過苦行生活的那個車夫。闡那在年邁時，出家成爲比丘。他因在佛陀生命中扮演的角色，而自認爲對佛陀的成就居功厥偉，因此變得非常驕傲，從受戒時起，他便輕視僧伽。例如，當年長比丘來訪時，他不遵照禮俗起身讓座，或取水給他們洗腳、洗臉。

佛陀告訴闡那，他的行爲非常傲慢。他對闡那：「你必須尊敬這些比丘。」但闡那從未聽從佛陀的話。

最後，當佛陀入滅時，阿難尊者問佛陀該如何處理闡那。佛陀請僧團默擯他，阿難被賦予宣布默擯的使命。

當佛陀入滅時，闡那非常震驚與哀痛，他開始想：「我的一切名譽、權力與勇氣皆來自佛陀，如今他走了，再也無人支持我。現在整個世界都空了，我曾冒犯過許多比丘，他們不再是我的朋友。」

當阿難宣布默擯闡那時，闡那再度震驚，並因而昏厥。當恢復清醒時，他變得非常謙虛，佛陀知道闡那會如此反應。闡那順從與勤勉地修禪，最後終於覺悟。嚴厲的方法有時是必要的，嚴厲有時是有效的。（D 16; V ii 292）

你可將同樣的技巧使用在自己的五蓋上。先從溫和的方法開始，但若有必要，也願意使用嚴厲的方法。

當你受誘惑想去買另一件漂亮的運動衫，儘管衣櫥已塞滿它們時，以前述的方法去調心——忽略那個想法；把心轉向別的事；以捨念代替貪念；以正念思惟運動衫與一切物質無常的本質。若心仍苦苦欲求那件運動衫，也許就得嚴厲地對待自己。告訴自己停止，否則這一季都將沒有新的運動衫。若那無效，則決定這一年都沒有新的運動衫。最後通牒，威脅自己接下來的五年內都將從「救世軍商店」（即二手貨或慈善拍賣商店），購買所有的運動衫！然後落實威脅，心將學會放下。

有個特殊情況需要使用非常嚴峻的方法。偶爾當坐禪時，心是完全混亂的。這可能是由於禪修之前發生的某件事，例如當天過度刺激或發生某件令你極度焦慮的事。心如此激動，畫面與情緒快速閃動，負面想法令你疲於應付。你可能正經歷我的學生們所說「多重蓋障攻擊」，此時好幾種蓋生起並接管內心，一個接一個。若你允許心如此放肆，它可能變成難以克服的惡習，最好盡量努力讓心平靜下來。

若所有平常的方法在上述情況中都失敗，還有另一個方法：嘗試數息，這是讓心專注於一事上的技巧。首先從一到十數呼吸，然後從十到一；接著，從一到九以及九到一，繼續數到八、七等，乃至一到二以及二到一。最困難的部分是，若心在你數息時稍有迷失，就得重來。你持續這個數息，直到可完成整個計數循環都未分心爲止，然後可重回平常的禪修方法。這是個挑戰，在每次分心時重來，使得心厭倦跑開。

雖然這方法很強，有些人卻可能連數息都飽受混亂之苦。在此情況下，就把混亂本身當作禪修對象，觀察混亂的變化。

斷除十結

使用我們方才討論的技巧，你可訓練自己在十結生起時認出它們，並採取步驟斷除它們。依據正念與積極對治法，困擾你的結——疑、貪、瞋、掉舉——逐漸削弱並退出內心。那個特殊的結，可能暫時不會再生起，心覺知它消失並變清明。但之後，根據你的性情與生活環境，另一個結會浮現。

當以正念覺知結的循環生起、消逝，然後又以其他形式重現時，你開始了解這些結有多麼頑強，以及如何緊緊地將你束縛在痛苦與不快樂中。無論你多常短暫克服它們，呈現爲結的內心習氣持續存在你心裡，一再束縛與陷害你，你了解自己是作繭自縛。當正念增長時，你了解這些負面心念——貪、瞋、癡——不只扭曲想法，它還使你生活的每個層面更悲慘與痛苦，心不斷回到相同的負面形態，你覺得自己被困在——被「結」束縛——無盡的生死輪迴中。

事實是，正念只能短暫地幫助你壓制十結，必須在覺悟之道上證果才可能摧毀它們。如前所述，十結是分四個階段斷除。如何做？你透過精進的五個運用斷除它們，即壓制、取代、破除、平息與脫離。

「壓制」是指鎮伏一切不善法，透過正念或禪定防堵它們。每當你保持正念或進入深定時，十結就會保持潛伏。當養成習慣鎮伏十結時，被壓制的結是虛弱的。在念念分明中，虛弱的結無力引發大煩惱，對你的思想過程衝擊也較少，五蓋也會收斂一點。這個暫時的止息，製造更多內觀發生的機會，且顯而易見地，在智慧生起時有些結會被破除。

「取代」是藉由修習各別不善法的對立面，來對抗該法的精進。你藉由修習慈心來取代瞋恚；藉由無常觀來對治常見；藉由分析身心是波動元素聚合而成，來對治根深柢固的我見。

當壓制與取代逐步增長時，一些虛弱的結就可能被破除。「破除」是指結被斷捨的時刻，就如棕櫚樹被閃電擊中時斷裂一般。「平息」是指那些結在被破除後立即消失。「脫離」是指任何一類結被摧毀後心的解脫。最戲劇化的脫離，發生在四聖果中的第一聖果，此時一個人超越凡俗，已部分覺悟。

假設你已瞄準前三結——有身見、疑與戒禁取見，且深入探究它們的對立面。你坐禪時，以深定觀察呼吸的三個特徵，慧可能生起。對呼吸無常、苦與無我的檢視，在一次大內觀中，讓你洞見諸法皆具這三法印的實相。如此清楚地看見諸行無常，你在直觀的層次上，體悟到沒有一個恆常的事物可被稱爲「自我」或「靈魂」，你因而斷除第一結。你也明白，一定曾有位大士於修道時悟出這一切，因此它必然有助於根除一切負面心所，你因而斷除第二結——疑。你現在知道，除了透過強調戒、定、慧之道去修習智慧之外，沒有任何事能解脫你的心。了知這點之後，你不再相信單靠禁戒有能力拯救你，因此破除第三結。

一旦破除這三結，你便達到初果。現在，你不再退墮，永遠不再懷疑自己完全覺悟的潛力，或質疑自己怎麼可能達到它，你必定能達到目標。你成爲「入流者」，因爲法流的推力會帶領你到達覺悟，就如樹枝被水流推移前進一般。

從此以後，心會有股新的浮力，一種感覺，即無論生活環境看似多麼困難，但在那底下一切都沒問題。你確知諸行無常，這將爲心帶來慰藉。因明白因果法則，你再也不會犯任何嚴重的惡行，有了良好的行爲，懊悔便無理由生起，而能解脫那個重擔。若眞的犯錯，例如說了一個小謊，你會感到不安一直到改正爲止。你也許還是會陷入憤怒、哀傷或貪欲中，但這些插曲不會像以前般影響你那麼深，且很快就會過去。整條解脫道讓你感到意義非凡，你興味盎然地持續修行。整體而言，你變得更有自信，比較不會以自我爲中心，更慷慨、仁慈與專注，且更能勝任所進行的任何事。同事與朋友們都注意到你的改變，你已變得更親切、愉悅且放鬆。你眼裡閃耀的光芒照亮別人的心，他們開始問你幸福從何而來。

爲了顯示達到入流果的重要性，佛陀以手指沾了一點塵土，並說：「比丘們，這點塵土與全世界所有塵土相比何者較多？」比丘們當然回答，世間其餘塵土比起手指上的一點塵土，要多得太多、太多了。佛陀接著說：「同樣地，比丘們，達到入流果所斷除的煩惱，就如世間其餘塵土一樣多。而入流者尚未斷除的煩惱，則如同我手指上的塵土。」（S V.56.6[1]）因此他說，達到入流果遠比統治一切王國的轉輪聖王偉大，比升天成爲天人偉大，甚至比成爲天主更偉大。

完成這個突破之後，你開始處理接下來的障礙——粗貪結與瞋結。當破除前三結時，你也減輕其餘諸結的負擔。因此，如今你面對的貪與瞋，比起一般人所經歷的要少很多。

你一再地觀察貪與瞋，並以正精進打擊這些敵人。你培養布施與慈心，徹底厭離心的貪取、嘀咕與抱怨。當逐步深化無常的覺知，更看清一切樂、苦與不苦不樂受的變化本質時，你了解剛愎自用是無效的，你愈來愈能放下。

最後粗貪與瞋終於大幅減少，剩下一些較不明顯的貪與瞋，我慢轉弱，但大部分的工作皆已完成。你成爲「一來者」，意即在完全覺悟之前，頂多只在色界再轉生一次。

內心獲得的安穩是難以言傳的，你的一切擔心、義務與負擔都永遠消失，沒有粗言或災厄會惹惱你，你已無憂無惱。人們會注意到你的純淨與無盡的慈心，並開始視你爲聖者，但從初發心來看，你並不比任何人好。這是個無我的過程，一種內心的自然轉換，一切成果都只是遵循佛陀的指示。雖然你對自己的損失已不再有任何執著或悲傷，但心如此廣大，還殘留足夠的執取，以致仍能積極涉入別人的損失，並感到悲傷。還有工作該做，還得滅除殘餘的貪與瞋。

當終於破除粗貪與瞋結時，你達到第三聖果。這個階段的人稱爲「不來者」，他再也不會轉生到這個世間，但可能轉生至無色界一次。

一旦滅除粗貪與瞋，接著必須處理最後一組，最微細的煩惱——最後五結。心中這些問題如此微細，平凡人不可能察覺它們，遑論有嘗試去除它們的想法。「不來者」持續感到不安，例如，因爲擔心會再一次轉生於世。更有些處於這個微妙階段的人認爲，這些殘餘的結有如潔白無瑕襯衫上的食物殘垢。

不來者持續修行，進而滅除殘餘的微細色貪與無色貪。他或她斷除「慢」，一種似乎有個自我的經驗特質，也滅除掉舉與最後殘餘的一點無明。在一個偉大的時刻，最後滅盡這些結，一位完全覺悟者——阿羅漢出世。此人再也不會基於貪、瞋、癡而行動，因這些不善法已被永遠從內心排除了。如佛陀多次說到，阿羅漢是「卸下重擔者」。

你會幻想，也許阿羅漢可能墮入惡道或受誘惑從事性交、偷盜或其他世間行爲。若你回想結的本質——結如何誤導行爲以及如何被斷除——你便不會對完全覺悟者抱有這些想法。阿羅漢們發現連放縱欲樂都難以想像，遑論任何不道德的行爲。阿羅漢永遠不可能再次犯錯，他們一直品嘗究竟安樂，且始終維持完全安穩。

覺悟時，我們清楚看見需要知道的一切事物，都包含在四聖諦之內。我們對於實相、過去、現在與未來，對於自我存在、宇宙，再也沒有任何推測的看法與理論。我們了解色法爲何與如何生、滅，了解受爲何與如何生、滅，也了解想、行與識。

我們已徹底解脫一切假想與推測，解脫「我」與「我所」身分認同的主張，或感覺的一切意向，推動自我的一切理論、看法與信念都已消失。徹底解脫全部十結是究竟聖果。

修習未生的善法

在有希望達到覺悟之前，多數人都有許多功課要做，克服五蓋以及壓制十結是必要的第一步。但即使你暫時成功克服不善念，心還是很容易受傷，它可能又淪入痛苦與受阻的狀態，如飛機沒入雲中。一旦你暫時清除內心一切不善法，你必須使用正精進去激勵、揚升與鼓舞心，以便獲得進步。

當克服不善法時，心進入中性狀態，但它不會維持中立太久。這很像汽車的變速器，你必須將倒檔變換到中間的空檔然後再前進。你無法不經由中間的空檔，直接從倒檔變換到前進。從中間的位置，齒輪可變換到兩邊的方向。同樣地，心無法直接從善變到不善，反之亦然；兩者之間必須經過一個中性的狀態。

你可以利用這個中間的空檔去修習善心。例如你正在坐禪，一個負面心念生起，你的正念察覺它，認出這個不善法。你克服它，也許藉由看見其中的危險，然後重新回到呼吸上。由於呼吸是中性的對象，你的心在觀察它時始終保持中立。但很快地正念跳脫，另一個痛苦的心念生起。再次，正念猛然警醒，你克服不善念，並以中性心念重新回到呼吸上。這個順序一再地發生。

最後你對自己說：「這太可笑了！」正念使你覺知必須停止這個反覆的負面形態。當集中注意力時，你開始看見心理活動的順序，了解與其讓負面心念有可趁之機，不如掌握時機，在心是中性時發起善念。你重回呼吸並放鬆，做幾次深呼吸，然後開始修習善念。

有無數開發善念的方式。禪修時可用的最有力方法之一是，回想過去你曾做過的善巧行爲，以及伴隨該行爲而來的愉悅心念。例如，也許你曾幫助過一個嘗試通過車水馬龍街道的老婦人，她提著購物袋躊躇不前，車輛急駛而過使她無法過街。你不認識她，也不求任何回報，甚至一句謝謝。在心無欲求之下，你走到馬路中央示意車輛停止，那位女士安全地通過。那時，你的心感到輕盈、自由、放鬆與快樂。現在當你想到此事時，感覺如何？你再次感到輕盈、自由、放鬆與快樂，回想內心這些感受後，你思惟：「這是我應修習的心念。」如此你利用這個記憶，去鼓舞正念感受生起並增強。

你可使用曾做過任何善行的記憶，只要不涉及貪著即可。這些行爲在你做它們時曾帶來樂受，你可在回想它們時，讓同樣的樂受充滿心。也許你曾幫助一個在賣場與母親走失的小孩，或救助路邊受傷的動物。也許你看見兩人為了瑣事激烈爭吵，而你幫忙化解。也許在工作中，你曾幫助年輕人熱心學習。另一個選擇是，回想別人對你行善後，你內心的感激，或回想有名的善行報導。在回想這些事時，你的心充滿善法且變得放鬆、快樂與知足。

另一個修習善念的方法是，回想你曾戰勝貪、瞋、癡的經驗。例如，有次你的小孩真的很煩，你很想掌摑他。此時正念生起，你記起不應因憤怒而行動，怒火消退，你冷靜下來並恢復平靜。你想起這個從火爆盛怒到心平氣和的大轉變，並回想那個感覺有多麼好。你對自己說：「這個好感覺正是我想修習的事。」這個回想幫助你放鬆，並令你充滿平靜的喜悅。

你可蒐集自己激勵善念可行方法的工具箱。也許你注意到，每次想起孩子邁出第一步時，都有一股慈愛的暖流通過，把那記憶收入你的工具箱。以後，你可用那個感覺為跳板去修習善法。

這個精進修習善法隨念的技巧，不只可用於禪修，你也可在吃飯、走路、工作、談話時使用它。

你不再被動地等待生活中出現讓你感到快樂的理由，而是運用心去想像何種行為促使生活更愉悅，回想過去什麼有效或無效。揭露這些簡單心理過程的因與果，然後在你做的每件事中，修習這些令人愉悅的善法。

例如洗盤子時，你也可對那些用得到盤子的人修習慈念，可藉由留心正面或負面話語的可能結果，而保持警覺，這稱為「善始」（well-strated）的對話。藉由放鬆，將安忍、慈心、悲心、內觀點點滴滴匯入對話中，你使它進行得更順利，利己也利人。

藉由覺知自己的缺點化解可能的問題，也是過程的一部分。例如，若你看出自己脾氣不好，這個看出便是善的，然後你可培養開朗的性格以防止發脾氣。當出現挑戰時，如公司惱人的主管來巡視，你可提醒自己的行爲可能導致高興或尷尬的結局，然後你決心保持放鬆並充滿慈心。主管若說或做了令人討厭的事，你必須自我開解，不能陷入憤怒的痛苦表現中。

同樣地，若你自知很容易焦慮，就預做防範。在孫女展開她的初次飛行之前，盡可能採行過去有效的作法去克服焦慮，並讓自己保持開朗。然後無須爲了她的飛行而自困愁城，反之你可以悠然自得。

這是自修的技巧。我們愈努力保持怡然自得，它就會變得愈有趣，我們也愈能得到好的結果。每一天、每一刻，我們都能修習無量的慈、悲、喜、捨。這四種善法引領心到非常美好與崇高的感受，所以它們被稱爲「梵住」。知道如何提起它們的人，隨時都能在世間享受到天界之樂。

維持已生的善法

理想的情況是，一旦生起善法，你會維持它且不讓它消失。你知道若讓它溜走，心會重回中性，並可能淪爲不善。因此，你盡一切努力保持愉悅之心繼續進行。此刻的善應成爲下一刻、下一小時、下一天與下一星期的善。你嘗試保持善法鮮活，就如某人嘗試保持燭火續燃一般。

這並不容易。

你時常對自己許下美好的承諾嗎？記得新年的許願，或在牧師、朋友面前許下的結婚誓言嗎？記得許下過多少次生日願望？其中你還保有幾個？你可能曾對自己許諾：「我從此後再也不碰香菸、不喝酒、不說謊，再也不惡口對人或侮辱別人。我再也不賭博、不偷盜、不殺生。」或在一次美好的禪坐或閉關之後，你也許心想：「這次閉關眞好。我從沒想過禪修這麼容易。啊！這次閉關眞是安詳與平靜！這就是我未來要走的路。」

這些都是善念，但其中有多少落實在日常活動中？這些念頭在心中生起就像汽水中的氣泡一般，幾個小時之後，水就靜止無波了。你失去熱情，並重新回到舊有的習慣上。爲了維持最初的精進心，你必須培養強大的正念。

記住，沒有一件重要的事是只做一次就能完成的。你必須一再地重複善念與善行，直到修行圓滿爲止。我們驚訝於奧林匹克運動員的技巧——他們是一日之內便具足這些能力的嗎？你初學騎腳踏車時摔了多少次？圓滿善念就像這樣，你必須非常努力地練習。每當鬆懈時，就回想你持續精進時的情況，直到達到目標爲止。

當然，有些實際事物可幫助你修習正精進。你可親近善知識，遠離愚癡者；可閒居獨處，閱讀具有啓發性的書籍，並時常與人討論佛法；也可努力修習正念。這些行爲有助於你保持善念。

我來說個關於一位比丘發憤精進的故事：

古印度有位長老比丘，他是個大師。有位資歷比他稍淺的比丘搞砸了一件事，這位大師決定懲戒他，於是派他去某個家庭乞食。他希望這位資淺比丘能和這一家建立起好關係，因他們有個比丘們期待他成爲偉大佛教領袖的新生兒。這家主人對修行人吝嗇與敵視是出了名的，當比丘第一次出現在這家門前時，屋主非常苦惱。他嚴令妻子、小孩與僕人不能給比丘任何東西——且不能和他談話，甚至不能看他。因此，比丘只好空手而回。

當比丘翌日重訪時，情況亦然。沒人給他食物、和他交談，甚至看他。但比丘並不氣餒，他日復一日、周復一周、月復一月、年復一年重返這家，長達七年之久。

之後，這家主人雇用了一個新女僕，她對於不可布施這位比丘的禁令一無所知。在第七年的某一日，當比丘前來時，新女僕對比丘說：「走開！我們沒有東西可以給你。」

比丘很高興終於受到招呼，在回寺的途中他巧遇騎在馬上的這家主人。他以輕蔑的口吻問比丘：「你有從我家獲得任何東西嗎？」

「是的，先生，謝謝你！」比丘回答：「我今天收到了一些東西。」

這個吝嗇者聞言大怒。他疾馳回家，跳下馬，衝進家中，大聲咆哮：「你們給了那個無恥禿驢什麼東西？是誰把東西拿給他的？」

家裡每個人都否認曾布施比丘，但屋主仍不滿意，他逐一詢問每個人同樣的問題。當來到新女僕面前時，他問她：「你有給那個比丘任何東西嗎？」

「沒有，先生。」她回答。

「妳確定嗎？」

「是的，先生，我確定。我沒給他任何東西。」

「妳有和他交談嗎？」

「有，先生。」

「妳對他說什麼？」

「我說：『走開！我們沒有東西可以給你。』」

這個吝嗇者心想比丘欺騙他，這想法令他更爲憤怒。他說：「若這個騙子明天再來，我會譴責他愚弄我。」

隔天比丘如同往常出現在這家門口。吝嗇的屋主出來憤怒地對他說：「昨天你說從我家收到東西，我質問過所有人，發現沒人給你任何東西。你這個無恥騙徒，你騙我！告訴我，你從我家得到什麼？」

「先生！七年來，我來你的豪宅都一無所獲。但昨天，一位仁慈的女士出來說：『走開！我們沒有東西可以給你。』那是我從你家所獲得的。」

吝嗇者感到很不好意思。那一刻，他看見自己內心慈愛與布施的火花。他心想，這位比丘一定是個聖者。他因收到我僕人的拒絕話語而如此感激，若他從我家收到一點食物，那豈不更爲感激？

户主立即更改他的命令，要求家中的人給比丘一些食物。從此之後，比丘持續從那家得到布施。他的決心，他維持安忍的正精進，以及善念終於獲得成功。那家的新生兒後來成爲阿羅漢，以及那時代最重要的佛教領袖。（Mhvs V）

你可能會質疑，反正一切事物都是無常的，甚至連最高的心理狀態最後也會消失，那爲何要在修行中與生活中如此努力呢？沒錯！一切事物當然都是無常的，甚至也沒有一個恆存的「你」在經歷諸事。但痛苦與快樂確實發生，若你踩到黃蜂且被叮咬，你不會想「我」好痛，而是「哇——」！即使那一刻沒有「我」的意識，痛苦依然存在。

有些人在聽到「無我」的教理時會感到困惑，他們習慣相信一定要有受苦的「某人」才有痛苦。但這個假設是錯誤的，經上說，只要有身、心的聚合，痛苦就必然存在——除非達到覺悟。

唯有苦生起、苦住與苦滅。
除苦生、苦滅，無他法存在。
（S I.5.10）

另一個錯誤的觀念是，既然無受苦之人，那麼痛苦便無關緊要了。當人們提出這點時，我會試著把他們從推理拉回現實中。我說：「無論是否有個自我，你都在受苦。你喜歡痛苦嗎？那是生活的目的嗎？無論有無自我，這都是你不喜歡的：痛苦！因此它當然重要，你是否受苦非常重要。」畢竟是因爲苦的緣故，佛陀覺悟之後才奉獻餘生教導他人。出於大悲，他對眾生開示斷除諸苦的修心之法。

還有一點也是眞的，即使更高、更喜悅與更微妙的心理狀態也有消逝的時候，這正是爲何修習善法時，我們必須在得到它們時加以運用。善法是根除痛苦的必要工具，而維持善法，將帶來超乎短暫輕鬆喜悅的長遠利益。清明良善的心理狀態，是修習無常觀以徹底根除渴愛與無明的基礎。

記得宏觀

使用正精進去斷惡揚善，是八正道的關鍵部分——重要性不亞於正念。然而，人們經常忽視正精進的善巧部分，他們忘記全貌，而耽溺於有趣的佛法細節，這些人經常只是局部了解此道。他們採用聽過的某些觀念，並一股腦兒地投入至荒謬的程度，然後做出弄巧成拙的不善之事。他們並未變得比較快樂，反而加深了痛苦。

我認識一位年輕女子，她不安地覺察到潛伏在多數行動底下的渴愛，尤其是關於吃。她並未因而保持正念，而是試著直接去對抗感覺。用餐時她嘗試不去感覺貪，甚至嘗試節食，而改以蛋白質飲料來補充營養。因此迴避了平常的貪，她發展出一種神經質的厭食，並感到沮喪。一個好朋友提醒她，應記得宏觀並培養善法。朋友建議她破除沮喪的方法：讀一本好書；去遠足；做好事；或保持忙碌地工作。年輕女子激動地回答：「但我不想逃避現實！」做破除不善箝制必須要做的事，並非逃避現實，而是使痛苦免於惡化。

若放縱導致痛苦的不善不斷惡化，那麼你遵行佛道所做的一切努力有何意義？你必須反覆反省自己的行爲以及它所導致的後果，必須持續問自己：「此刻，我在修什麼呢？」

有次，佛陀的姨母——摩訶波闍波提喬達彌（Maha Pajapati Gotami，即大愛道）比丘尼，請佛陀給予簡短建議，以指導她的修行。佛陀告訴她，應根據自己的經驗與常識，盡一切努力去增長內心的善法。他說妳所做的事應導致：

- 離欲而非愛欲。
- 離染而非染著。
- 減少（苦因）而非增加。
- 少求而非多求。
- 知足而非不滿。

- 閒居獨處而非群居雜處。
- 精進而非懶惰。
- 隨遇而安而非吹毛求疵。（A IV〔Eights〕VI.3）

這個表列提供一個好的指導，確保我們的努力有益於宏觀。

還有另一個準則，可用來判斷我們的精進。如佛陀所說，諸佛共通之教誡皆爲：「諸惡莫作，眾善奉行，自淨其意。」（Dh 183）

正精進隨念

心被負面思想困擾時，禪修非常困難。有些人坐下來禪修時，會不安與激動，身體搖擺、咳嗽、抓癢、扭動、轉來轉去，看其他禪修者，頻繁地改變姿勢。有些人則猛打呵欠，覺得無法保持清醒。那些習慣生氣者，在嘗試禪修時可能會感到憎惡與怨懟。還有人可能被欲貪給淹沒，有些人則被疑惑所困擾。

經過多年修行，禪修者們已發展出有效對治某些特定禪修障礙的策略。

●當貪欲困擾心時，在心中分解吸引你的對象。若你是貪求一塊巧克力奶油派，提醒自己它是由各種元素聚合而成，它會腐壞，想想派被消化過後的樣子。一再地反覆思惟這些事物，直到欲貪消退爲止。同樣的技巧，也適用於貪愛一個人的情況，想想身體的聚合本質——它的骨頭、腸子與其他器官、痰與其他體液。持續思惟這些部分，或想像這個人屍體的樣子，直到性欲消退爲止。但若這個技巧反而助長你的欲貪，則立即停止，並專注於呼吸。

●當瞋恚生起時，運用前面討論過的對治法，例如覺知憤怒，看出一切情緒無常的本質，思惟安忍的利益，規勸自己以不同的角度去看事情，以及修習慈心。

●當昏眠生起時，作光明想。若那無效，則嘗試這些補救法：以拇指與食指捏耳垂（不要用指甲）。張開眼睛，轉動眼球幾秒鐘，然後再閉上眼睛。深呼吸並盡量閉氣，然後緩慢吐氣，視需要重複數次直到心跳加速，並冒汗爲止。微張眼睛禪修。起身修習立禪，或做行禪。以冷水洗臉。若都無效，就去小睡一下。

●當掉悔生起時，思惟寂止、平靜或安穩。把心拉回呼吸，並安住於此。做幾次深呼吸，並感覺鼻端與身體的呼吸。再做一次，把注意力放在尾閭或腳底，並感覺身體的重量。

●當疑惑生起時，思惟佛陀的覺悟，其教法不受時間影響的本質，以及其弟子覺悟的成就。若你已陷入疑思，拋開無用的主題並思惟佛法的一些面向。專注於你已知爲眞實的無常、苦與無我。持續注意當下。

當貪欲消退時，你覺得有如付清債務。當瞋恚消退時，你覺得有如大病初癒。當昏眠消退時，你覺得有如獲釋出獄。當掉悔消退時，你覺得有如解脫奴役。當疑惑消退時，你覺得有如不再迷失於沙漠，並抵達安全無憂之地。

當心中惡法消失的那一刻，你感到快樂。之後，每次想到它們消失，你都會感到快樂。當回想過去諸蓋與結造成你多麼痛苦時，你就會很高興看見它們不再使自己感到不安。心是安穩與平靜的，你盼望此心境，如今終於達到它，因此你非常快樂。

當負面思想消退時，心便準備好要培養正面思想。當善念在禪修期間生起時，以正念看著它們，別執著它們。禪修時應被鼓勵的念頭包括慈、悲、喜、捨、正見、寂滅、忍辱、決意、不放逸與利益眾生。當這些念頭消退時，重新精進修習它們，回想它們當初爲何生起。這一切善念的根本都在你心中，只是被負面因緣給壓抑了。

以正精進去斷惡修善有如爬一座山，在開始爬山之前，你小心預防路上可能產生的問題。你確保自己的身體與心理狀況都適合，備妥急救藥品，穿上耐用的登山鞋，帶著繩索、枴杖、食物、飲水與合適的衣物。這些措施就如防止惡法生起的正精進。

然而，雖然你很小心，問題還是會生起。餓了，要吃東西；渴時，要停下來喝水；要對自然情況臨機應變；累了，要休息；若發燒，要服用帶來的藥品。這些行爲，就如對治心中生起的不善法。

你藉由休息、正確進食、多喝水，以及避免過度勞累，來保持精力。這些正面活動就如修習善法。

在歷盡艱辛之後，當達到頂峰時，你感到非常輕鬆、滿足與喜悅。你很高興自己曾努力設法達到目標，你可能會說：「我很高興走完這段路。」或「我很高興自己能克服一切困難。」同樣地，當你修習善法並維持它們時，會很高興自己的努力終於有成，從此之後再也不用被不善法糾纏。正精進就是這樣帶來喜悅。

當你努力達到它時，快樂就在那裡。記得你的目標，不要放棄努力，直到達到究竟安樂爲止。對自己說：

> 我生已安，不慍於怨；
> 眾人有怨，我行無怨。
> 我生已安，不病於病；
> 眾人有病，我行無病。
> 我生已安，不慼於憂；
> 眾人有憂，我行無憂。

（Dh 197-199佛護比丘〔Bhikkhu Buddharakkhita〕英譯）

正精進隨念要點

- 雖然正精進很少被強調，但它是你心靈成長的根本。
- 正精進有四個部分：防止未生的惡法；斷除已生的惡法；修習未生的善法；維持已生的善法。
- 「結」是深植於心中，由欲貪生起的不善習氣，將眾生束縛在苦界中。十結分別是：有身見、疑、戒禁取見、欲貪、瞋恚、色貪、無色貪、慢、掉悔與無明。
- 「蓋」是強烈與粗顯的結，你應以正精進來防止與斷除五蓋：貪欲、瞋恚、昏眠、掉悔與疑。
- 除蓋的方法是：忍略它；轉移注意力；以它的反面特質來取代此蓋；規勸自己；以及若一切都無效，就傾全力粉碎它。
- 除非被除滅，否則諸結只可能暫時被壓制。結被念與定削弱；發展它們的對立面進一步削弱它們。當最後斷除諸結時，將導致證果。
- 為了防止不善念生起，請保持正念。藉由戒、隨念、慧、安忍與精進，正念乃得以增長。
- 要斷除已生的不善念，只要察覺它們即可。
- 若你無法迅速察覺不善念，它們就會壯大，此時你必須放下一切全力注意它們。試著思惟它們造成的傷害，以及其引發因素的無常本質，或以善念取代它們。
- 當不善念消退時，藉由思惟善念的利益，以及積極創造慈愛、決意與安忍等念頭，修習善念，使用一切你所知的方法去增長善法。
- 別迷失在修行的細節，而忘了宏觀。永遠確保你的修行，會實際帶來更多的善法。
- 調整生活形態以幫助你維持善念，常提醒自己要親近善知識與閱讀佛典。
- 若正念不夠強，你的心很快地便會故態復萌。因此，必須反覆勤勉精進，以保持能讓你快樂的善思惟。

第7步

正念

正念是時時刻刻注意當下。因我們不自覺地透過被妄想侷限、慣化與制約的思想形態，去認知自己與周遭世界，所以對事實的認知與後續概念都是零散與混亂的。正念教導我們，暫時中止一切概念、畫面、價值判斷、心理評論、意見與詮釋。正念的心是準確、敏銳、平衡與不亂的，它就如一面鏡子，毫不扭曲地反映一切前方之物。

佛陀經常告訴弟子們要「繫念面前」，所謂的「面前」就是指現在。這只是說坐禪時心要保持清明更有意義，它的意思是，清楚覺知我們每天每一個清醒時刻，所做的每個身體與心理的動作。換言之，它的意思是，活在當下。

現在變化得如此之快，以致我們對它的存在經常渾然不覺。心的每個剎那就像通過投影機的一系列畫面，有些畫面來自感官印象，有些來自過去的記憶或未來的幻想。正念幫助我們凍結畫面，讓我們得以如實覺知自己的感受與經驗，不摻雜社會制約回饋或習慣性的反應。

一旦學會不加評論地如實覺察正在發生的事，我們就可觀察自己的感受與思想，而不受制於它們，而不會被典型的反應牽著走。因此，正念給予防止、斷除不善的思想與行爲，以及修習與維持善法所需的時間。它讓我們擺脫自動飛行的機制，並幫助我們對自己的身、口、意行負責。

此外，正念導致內觀，清晰而不扭曲地如實「內見」（inner seeing）事物。在經常修習下，包括正式禪修與日常生活中的活動，正念教導我們以內在的慧眼去看世界。慧是觀的冠冕，打開慧眼是念的眞正目的，因洞見實相是持久安穩與快樂的無上祕要。我們無須往自身之外去尋找，每個人都有本具的修慧能力。有個傳說清楚說明這點：

曾有位天神想要掩藏一個重要的祕密——快樂的祕密。他先想到把祕密藏在海底，但隨後對自己說：「不！我不能把祕密藏在那裡，人類非常聰明，有天他們一定會找到它。」

接著，他想到把祕密藏在山洞裡，但他又自我否定：「許多人前往山洞。不！不！人們也會在那裡找到祕密。」

然後，他想到把祕密藏在高山上。但後來他想：「人們近來很好奇，有天一定會有人爬上山發現它。」

最後他想到完美的解決方法。「啊！我知道有個地方人們絕不會去看，我將把祕密藏在人類心中。」

這個天神把眞諦藏在人類心中，現在讓我們找出它吧！正念是不向外求的，它的目標是找出隱藏於內在，在內心與核心處的眞諦。

根據佛陀的看法，我們的心是本明的。在意識初生的每個刹那，它的火花是光亮的。然而，在未覺悟的心中，火花受到貪、瞋、癡的雜染所遮蔽，這些雜染障礙心的光明，使心陷入黑暗與痛苦中。

我們不能說心一直都是清淨的，我們必須努力讓它如此，必須淨化這顆明亮之心，好讓它塵盡光生。透過正念修慧，燒掉貪、瞋、癡的障礙，除掉愈多，心就愈自在、快樂與光明。正念也防止雜染生起，因此深藏的快樂祕密就是這個眞諦——快樂來自透過使用正念清除貪、瞋、癡，它就在自己心內。這個快樂的祕密，在透過智慧去除層層雜染時顯露出來。

正念如何帶來智慧，而智慧又如何令我們去除障礙？當往內尋找快樂，試著了解快樂的眞諦時，我們發覺並觀察身心五蘊。當以正念觀察時，開始看見各蘊如何生、住、異、滅。

例如，我們小心呵護的這個美麗身體每一刻都在變化，在閱讀這頁時，身體的每個細胞、分子與次原子微粒都在變化——成長、衰敗或死亡。心臟在跳動；肺臟、腎臟、肝臟與腦都在執行它們的功能。身體各部分都在變化的同時，感受、認知、意識與心境也都在生與滅。當下的正念，讓我們洞見這些變化——洞見存在諸法普遍的無常性。

察覺諸行無常，讓我們有機會看見變化所衍生的不圓滿苦。例如，想起過去你曾有的一些美好感覺，現在這感覺能和以前完全相同嗎？即使你能重新創造產生這美好感覺的條件，但能再次體會一模一樣的感覺嗎？了解過去的美好經驗已永遠消失，令我們感到悲傷。隨著認清諸法如何消逝——身體、感覺，以及所愛的人與事——不只是每一刻，而是時時刻刻，我們深入洞見苦與不快樂的因，那就是執著不斷相續變化的事物。

最後，正念讓我們得以洞見包括自己在內的眾生真實存在的方式。洞見無常與苦，幫助我們看清實相並非有別於自己的「外在」事物。反之，實相是我們對持續變化的世界——包括內在世界，以及透過感官所認知世界——的持續變化經驗。

修習正念使世間的爭奪顯得可笑。我們無法在犯錯時，砍斷自己的手。同樣地，把自己與敵人切割開來也是愚蠢的，因所有人都同樣擁有不斷變化與痛苦的本質。世間的爭奪，就如一隻手臂對抗另一隻手臂，或右眼挑釁左眼。

我們發現，生命並非一個靜態的實體，而是不斷變化的動態之流。當尋找生命的意義時，我們只能找到這個變化。隨著一再重返這個動態面向，發現其中並無恆常的實體——我們內在並無一個可執著的恆常自我或靈魂，且別人內在也無任何可與之爭吵的恆常自我或靈魂。

因此，正念讓我們得以洞見三法印——無常、苦與無我。向內看，我們看見自己的色相正在如何地快速變化，且這些變化如何帶來苦。我們看見自己如何強烈地希望別再有任何轉世，不要變老、生病，或經歷悲傷、絕望、沮喪。我們看見愛別離與怨憎會是如何令人痛苦，看見任何欲望，無論它多麼微細或高貴，都會造成痛苦。我們看見即使是希望斷除貪欲的欲望——雖然那對於進步是有益與必要的——也是痛苦的。最後，我們看見自我意識——我們如此強烈保護的個人身分認同，其實只是一種幻相，因我們是個過程，一個剎那更新的身體、感情與心理事件的相續流。

當印度人說三位神祇——創造神大梵（Brahma）、保護神毗濕奴（Vishnu）與破壞神濕婆（Shiva）時，便清楚地表明這個眞諦。創造者是生起時刻，保護者是巔峰時刻，而破壞者是消滅時刻。每個時刻都有東西被創造，每個時刻都有東西存在，每個時刻都有東西消逝。沒有靜態的時刻，因沒有任何事物可保持在同一剎那。這個循環不斷地進行。

當我們了解這點時，便會允許感受、感覺與思想通過內心，而不會執著任何事物，無論它多麼討喜或美麗。當不悅、痛苦或難以忍受的狀態浮現時，我們讓它們通過，而不會感到沮喪，只是讓事情發生，而不會嘗試阻止它們，或屈服於它們，或嘗試跑開。我們只是如實覺知事情。

我們不只用慧眼，還以每天的覺知，看見一切事物與眾生皆依不斷變化的因緣而存在。由於並無恆常的事物可執著，也無恆常的事物可憎惡，我們放鬆地進入完全安心與快樂之中。

四念處

正念是將我們的整個生活融入禪修，此處介紹的正念技巧是建立在佛陀對弟子們所說「四念處」（《大念處經》〔*Mahā-Satipaṭṭhāna Sutta*〕，D22）的基礎上。於其中，佛陀教導了許多禪修方法。他以「復次，諸比丘……」之語來展開每個方法的解釋，藉此指出這些觀念都應付諸修行，並清楚道出凡以這些方式修習正念者，都一定會達到覺悟之樂。但他教導了非常多的方法，我們怎麼可能全部修習？

只有那些不了解佛陀的系統者，才會對佛陀所教導各種的技巧感到氣餒。事實上，修行是契入每天遇到的各種活動。此外，佛陀的系統是奠基於他對於人心運作方式的深刻了解。

想想小嬰兒，他可愛美好但也需索無度，需要食物、乾淨的尿布、新鮮空氣與其他許多東西。嬰兒的注意時間很短，好的父母會確保嬰兒有好玩的玩具可供選擇，以及有各種事情可做，以此讓嬰兒處於忙碌與興奮的狀態。心同樣也需索無度，且我們的注意時間似乎和嬰兒一樣短暫。佛陀了解這點，他給我們一系列的事情做。我們從任何一個禪修主題開始：呼吸、感受、心的狀態，以及一個蓋或結，都無所謂。無論專注對象爲何，都很快地便會改變。心移到不善法時，我們趕快給它較好的東西，就如善巧的父母給幼童一粒球，以拿走他所撿到的剪刀一般。心移到善法時，我們則鼓勵他。

任何出現於心的事物，都能成爲修習正念的對象。我們可用任何主題，進一步內觀一切存在事物的三法印——無常、苦與無我。當我們正在想的事消退時，再把心轉回原來的禪修對象。

你也許會問：「若我的心不停留在原來的禪境上呢？若我選擇三十二分身爲禪修對象，但一小時中只能勉強想到前五部分呢？」嗯！若別的對象出現在心中，而你用它們來思惟三法印，那有什麼問題？任何有助於你洞見實相的禪法都是好禪法。別期望心忠於這件事或那件事，它本來就是善變的，不時變換對象。

但切莫刻意變換對象，從選定專注的禪修對象開始，例如呼吸，然後只有在其他事物自動生起時，才轉移到另一個對象。例如你正專注於呼吸，然後一個關於你皮膚健康的念頭生起，那個念頭通過後，心會抓住下一個呼吸。若心繼續專注於皮膚，你便進而思惟皮膚的無常——它是多麼脆弱，一直快速變化且會變得充滿皺紋，你也思惟執著皮膚是多麼無用與痛苦，因無論如何它都會改變，愈執著便愈痛苦。你也思惟皮膚的無我——沒有一個「你」在那裡面或控制它。然後，你看著這些念頭消失，也注意到正念覺知這些念頭的觀察功能本身也是無常的。當一切念頭都消退，再無其他想法躍上心頭時，讓心重回呼吸。任何新的觀念生起，都以同樣的方式檢視它們。以此方式修行，直到念頭止息，心得到禪定為止。

佛陀的許多禪修技巧，就如一個裝滿各種藥品的藥櫃，你無法一次吞下所有藥品，同樣地，你也無法一次修完四念處。你從任何感覺好用的技巧開始，然後使用在觀察或思惟那個對象的過程中，所生起的任何事物上。你的心現在也許顯得散亂，但它會安定下來，當正念變得強大與敏銳時，心自然會開始觀察更深刻的佛法觀點。

四念處是：

- 身隨念
- 受隨念
- 心隨念
- 法隨念

我們從身隨念，尤其是入出息念開始。修習入出息念讓你的身與心有一點時間可安定下來，然後當其他念處生起時，便能覺知它們。無論什麼主題生起，確保你注意經驗的無常、苦與無我，無論它們是色法或心法。

身隨念

到目前爲止，我們只說了以呼吸爲禪修對象——而它確實能讓你一路到達圓滿解脫。但其他對象也能拿來使用。傳統上，我們說有四十種主要的禪修對象（四十業處），包括身體與它的部分。三個修身隨念最有用的方法是：入出息念、身姿勢念與身部分念。

入出息念

佛陀總是建議人們從入出息念開始修習觀禪，呼吸是一直存在，但又有變化會自然吸引心注意的對象。心與呼吸合一時，你自然能把心集中在當下。你可注意呼吸接觸鼻緣所生起的感受，或注意長入息與長出息；或注意呼吸長度改變時，氣息比以前稍快進與出；或注意一串短呼吸被一個深呼吸截斷時，或注意肺部、腹部或下腹部的起伏。注意呼吸的這些面向使心持續處於當下。

以正念觀察呼吸，也能教導你許多關於內心運作的事。吸氣時，你經歷少許平靜；吐氣時，又經歷少許平靜；吸氣所得的平靜被吐氣打斷，而吐氣所得的平靜又被吸氣打斷。若吐氣之前屏住入息比平常稍久一點，以延長平靜的感受，你會感到緊張；若再次吸氣之前比平常等得稍久一點，以延長平靜的感受，也會感到緊張。等待比之前更長的入息與出息，甚至可能造成身體痛苦。

觀察此事，你明白自己想要平靜與紓解壓力，且想避免吸氣與吐氣之前等待太久的不適。你明白自己希望呼吸循環過程中所經歷的平靜，能持續久一點，而緊張能更快消失。因緊張不能如希望的那般快速消失，你因而感到煩惱。因此，只要藉由觀察呼吸，便可明白在「無常」的世界中，渴望「常久」的小欲望如何造成不快樂。此外，由於沒有控制這個情況的自我實體，所以你對於平靜與無緊張的欲求，永遠不可能實現。然而，若你放鬆心觀察呼吸，不渴望平靜，並排斥緊張生起，就只是經歷呼吸的無常、苦與無我，心便會變得安詳與平靜。

當修習入出息念時，心不會停留在呼吸的感受上。它會潛入欲境，諸如聲音，以及如回憶、感情與認知等心境上。當經歷其他這些欲境時，你應暫時忽略呼吸而專注於它們——一次一個。當它們逐一消失時，在身心各種狀態的快速或長途旅行之後，讓心重回它的基地——呼吸。

每次心重回呼吸，它都帶著更深入的無常、苦與無我的洞見回來。因此，心從如實觀察這些事件得知，五蘊——色、受、想、行、識——存在的目的，是為了得到更深入身心實相的洞見，並非為了讓你執著它們而存在。

身姿勢念

身姿勢念即是以正念而行、立、坐、臥。你也許會納悶：「那有什麼好保持正念的？行時我行，立時我立，坐時我坐，臥時我臥，我知道自己在做什麼。把心專注於行、立、坐、臥，能幫助我得到什麼特別的知識或洞見？」當對身體姿勢保持正念時，你看見身體動作一直在變化，甚至看似靜止不動時也是如此。你的心臟搏動，身體散發熱量，肺臟膨脹與收縮，對它們的無常保持覺知。你也許注意到對身體動作的控制只侷限於外在，而無法遍及微細的內在身體動作，無法控制是令人沮喪的。明白這點，你深入身體的苦與無我本質修觀。

另外，可注意組成身體與你所接觸事物的物質元素——例如，地大的沉重與堅實。看這些物質元素如何不斷變化，注意你身體經驗中的一切事物是多麼地無常。然而，如同於入出息念，別只專注於身體的變化。任何心理因素凸顯時，便把注意力轉向它們。你身體動作所創造出來的受與想也一直在變化，注意它們的無常，若在行、立、坐、臥時察覺貪、瞋、癡，或悲、慈、喜等念，看著它們生與滅。你無法創造或阻止色、受、想、行、識自動呈現的生與滅，你移動時記住這些事，注意一切經驗的無常、苦與無我。在每個姿勢與動作中，無論是接觸門把、逛賣場或躺著睡覺，持續深入五蘊的這些特色修觀。

你可藉由修習慢動作禪，來提升洞見五蘊特色的能力。想像運動比賽的慢動作重播，當比賽動作以正常速度移動時，我們遺漏許多微小細節，但在重播過程中，可清楚地看見運動員的大瓶頸或其他人的犯規。同樣地，當緩慢移動時，如在慢行禪中，我們注意到許多構成動作的姿勢變化——抬起腳跟，腳趾點地，牽引向前、移動、觸地。

若你已專注於呼吸坐禪一陣子，決定要練習慢動作的行禪，以下是你的作法：

慢慢站起來，持續注意呼吸的過程。當你站著時，覺知身體感受與念頭的變化。注意身體的每個部分都必須合作，你才能站得起來。站立時，持續注意呼吸。

現在，吸氣時，抬起一腳跟；吐氣時，腳趾點地。接下來，吸氣時，抬起整隻腳向前移動；吐氣時，緩慢放下並再次觸地。再次，吸氣時，抬起另一腳跟；吐氣時，腳趾點地。吸氣時，抬起整隻腳向前移動；吐氣時，緩慢放下並再次觸地。

當以此正念方式行走時，注意呼吸，你開始看見在走路的過程中，身體從頭到腳的每個部分如何在變化、合作與一起運作。例如，你看見構成走路的身體動作是從心理動機開始，看見抬腳、向前移動、放下它與觸地的動機。動作與這些動機同時發生，兩者非常快速地一起發生，因此沒時間看清動作與發想之間的間隙。

當然，沒有人會想到走路過程中的這些步驟。他們就只是走路！所有事情都在一瞬間發生。但當放慢腳步，並以正念觀察每個動作時，你明白走路這件事，必然得由許多不同動作一起配合。當走路的動機在心中生起時，能量被激發，它透過神經系統散布到全身，許多不同的神經細胞配合傳遞訊息。許多其他身體構造實現所需的過程，肌肉收縮與延展，關節彎曲，其他複雜機制則維持平衡。

在這一切過程當中，你看見無常的明證。例如，你想抬起右腳，但當抬起它時，那個意圖消失了，且抬起它時，抬腳之前的感受也消失了。當右腳趾點地時，你有一種感覺，當向前移動時，那個感覺消失，新的感覺生起。

你看見心也一直在變化，當重量均衡時，心會有一種舒適平衡的感覺。但此時，隨著重量移動，那個感覺也隨之改變，心等待另一個舒適時刻生起。但當下一個舒適平衡生起時，它也會消逝。每次從舒適變爲不適，心都會感到失望，反覆舒適與不適令你疲累。疲累是在反覆變化的程序當中，緩慢累積而成的一種繁瑣之苦。

注意走路的動作時，你也覺知變化不已的念流。走路時，你可能感到恐懼、不安全、緊張、憂慮、性欲、瞋恚、嫉妒或欲貪。這念頭可能生起：「此事進展順利，希望每個人都注意到我做得多麼好。」這些念頭來自我慢或渴望被認可，你已學過如何處理它們。首先，你只是覺知它們，若它們持續，就運用坐禪時斷除不善的方法。然後，你進而藉由斷捨貪與瞋，以及生起慈、喜與捨修習善法。

採取步驟斷除惡法永遠都很重要。我記得有位年輕的禪修學生向我坦承，他在一位年輕女性身後行禪時發生的事。在禪修時段結束之後，他來找我傷心地說：「師父，有個女孩走在我前面，在行禪最後那段期間，我滿腦子想的都是她光溜溜的身體，我無法不去想她。」幾年後，我再度遇到這傢伙。他的心依然混亂與放逸，由於無法運用方法斷除阻礙他修行的不善法，因此他才沒什麼進展。

以正念行走，也可幫助你看清這個複雜的身體功能，並無一個恆常實體在背後操控它，沒有你稱爲「自我」或「我」的獨立事物，涉入你所做的一切，控制著複雜的思想與動作程序。

走路怎麼可能帶來這個洞見？走路時，你以正念觀察身體的姿勢與動作，你也在感受、思想或各種意識心生起時覺知它們。每次「我在走路」的念頭生起時，問你自己：「這個『我』是什麼？或『我』在身內嗎？」（注意這些是抉擇實相的客觀問題，而非「我是誰」之類，預設自我存在的起疑問題。）

對於這些問題你找不到任何滿意的答案。你的心告訴你，你的「我」是抬起右腳、引它向前並壓它觸地者，也是在每個時刻站立、呼吸、看見、聽聞、思想、回憶、感覺與從事各種活動的「我」。這些動作與活動變化得如此迅速，以致你無法完全察覺它們。「我吸氣」與「我走路」不同，它也和「我看見」、「我記得」與「我感覺悲哀」不同，在這些活動中，你找不到一個「我」獨立於你所做的事情之外。

你會開始明白，「我」只是我們用來方便指稱不斷變化經驗之流的一個概念，它並非存在於身、心之內的個別獨立實體。「我」的概念一天數變，端視「我」所從事的活動而定，它自身連一分鐘也不存在，只有在你想到它時才存在，當不想它時，它就不存在。因此，「我」和其他一切事物一樣是因緣所生的。

因此，緩慢並正念地走路，可以是顯示無常、苦與無我如何遍及一切時刻的完整禪法，同樣的技巧也可運用在坐、立與臥的姿勢。當然這並非平常普通的移動方式，它是我們用來修心的特殊技巧。重點不是只放慢身體動作，而是分析身、心協同產生姿勢的方式，並看見身、心的無常、苦與無我。

專注於姿勢時，我們有很好的機會去探討內心的情況，看清貪欲、瞋恚、嫉妒或恐懼等心是否生起。心不分散時，比較容易看見這些事。一旦訓練自己於禪修期間，在行、立、坐、臥等各種姿勢上觀察這些不善法，你便可對日常生活的一切活動，都保持同樣的警覺。

身部分念

觀察身體的各個部分，有助於終結你對身體可能有的任何錯誤概念。當在心裡將身體拆解成許多部分時，你便能如實看見身體與它的各個部分。

我們通常不用這種分析的方式看身體，甚至也不會去想身體各部分，除非身體出狀況或爲病痛所苦時。佛陀指稱此禪法所用的巴利語，即有「非道」或「不相應行」的意思。❶他藉此指出行此禪法，是違反我們平常思考身體的方式。

通常，人們想到身體某些部分時會感到嫌惡，他們樂於持有身內這些部分並珍惜它們，但想到它們時卻心生反感。有些人則執著身體某些部分，視它們爲美麗與永恆的，或對自己的俊美、健康與強壯感到自豪。這個禪法有助於去除這些妄念，幫助我們如實觀看身體，不排斥它，也不執著它。

佛陀建議禪修者在心理拆解身體爲三十二個部分。其中，二十個爲堅實的部分，十二個爲液體。二十個堅實部分是頭髮、體毛、指甲、牙齒、皮膚、肉、筋、骨、髓、腎、心、肝、膈膜、脾、肺、腸、腸膜、胃中物、糞與腦。十二個液體部分是膽汁、痰、膿、血、汗、脂肪、淚、油脂、唾液、黏液、關節液（滑液）與尿。

另外，佛陀列舉十個和火與風有關的身體過程。四個與火有關的身體過程是：消化食物之熱、老化之熱、身體的燒灼感（發燒時）以及身體的溫度。六個與風有關的過程是：打嗝（佛陀稱之爲「上行風」）、放屁（「下行風」）、消化道之氣、身體毛孔之氣、吸氣與吐氣。

在某種程度上，這個禪法很像生物學家觀看身體的方式。生物學家解剖動物，在牠們的肝、腸外露時並不倉皇逃跑，而想看這個器官是什麼以及它如何運作。科學的客觀性，幫助生物學家就它們自然呈現的方式觀察這些部分，沒有情緒或浪漫的想法。修習這個禪法時，我們應培養同樣冷靜的心態。

練習這個禪法時，輪流將注意力集中在身體的各個部分，從最明顯的部分開始。例如，當想到頭髮時，問自己：「我五歲時頭髮就像這樣嗎？」當然，答案是否定的。然後問自己怎麼一回事。你立即了解，頭髮在變化，和身體其他部分如指甲、皮膚、牙齒等一樣。禪修使你了解到，身體與它的各個部分都是不穩定的，一切事物都在變化，都是無常的，這是實相。

視身體爲各個不斷變化部分的組合，也有助於你斷除貪結或對身體的執著。你並非在死亡之前，就想拋棄身體！你還是想要保養身體，清洗它、包覆它、保護它，但可在不帶我慢與妄執的情況下做這些事。你清楚覺知身體的衰變——它的力量在衰退，它的美麗在變醜，它的健康在退化，你看見全身都在發生變化，身體沒有什麼東西是恆常的，它無法被執著。

你不沮喪，而是在這個眞諦面前變謙虛。身體無常的實相非常強大，氣勢凌人，勢不可擋，以致你自願臣服。你還能怎麼做？你能逃離這個眞諦嗎？不！你只能選擇接受它。因此，這個禪法也幫助你斷除相信自我恆存的慢結。此外，所有人都面對同樣老、病與死的恐懼。看見這個情況的普遍性，有助於你斷除個人的恐懼，並對別人的痛苦產生溫柔的悲心。

再者，你獲得比量智，即知道身體的任何部分是不完美、分離的，或不再與其他部分和諧運作，則身體功能會有異狀。這個體悟，讓你深入洞見諸法複合與相互依存的本質。

當比較自己與別人的身體時，你也看見對身體爲眞的事，對別人的身體亦爲眞。你的身體會變老、生病與衰弱，所有的身體都是如此。發生在你身上的荷爾蒙變化、傷害或其他情況，也同樣發生在別人身上。因此，無論你的身體看起來多麼美或醜、胖或瘦、多毛或無毛，都無關緊要，所有身體都會依同樣的方式運作、變老、生病、衰退、死亡與腐爛。就這個角度而言，你和其他人完全沒有差別，這個洞見幫助你培養平等心，並慈悲地對待一切眾生。

受隨念

我們習慣這麼想：「我感覺！」而不了解感受是無我的現象，它們隨刺激的因素而來與去。當我們了解各種感受與其運作方式時，便可藉由放鬆與警覺的態度，來防止會導致非常痛苦與混亂的因素滋生。當明白感受的眞實本質時，我們就更能離欲，且比較不會對任何生起的感受做反應，這是斷捨貪與瞋的練習。藉由斷捨，我們挖開痛苦的根本，並邁向究竟覺悟。

我們經常認爲自己之外的人或情況，得爲我們所感覺的事負責。然而，以正念觀察感受教導我們，樂受與苦受並非來自感知的對象，而是來自我們的心理狀態或態度。只要回想不同的人觀賞相同的電影，每個人對它都會有不同的感受，即可證明此事。因此，停止將自己的不幸歸咎於別人或外在事件，且開始向內看，那才是我們眞的有能力改變事物之處。這是佛陀邀請我們「來，看」的意義。

當你逐漸熟悉感受時，也更容易比較自己與別人的感受。你注意到別人和你同樣因環境而衍生出各種感受，別人的感受和你的一樣會消逝。你從覺知感受所獲得的知見名爲「現觀智」（direct insight），而從比較你與別人感受所獲得的知見名爲「比量智」（inferential understanding）。雖然我們無從確知別人的感受如何，但比量智幫助你獲得更深入實相的洞見。

當我們記得一切眾生都有感覺，他們都感受得到情感與身體的痛楚，承受飢寒之苦，並會感到悲傷與寂寞時，就比較不會自私，且不會執著自己的感覺才是對的，可耐心地聆聽痛苦傾訴而不抱怨。當覺知一切眾生都和我們有相同感受時，怎麼可能去說或去做傷害別人的事？

每一刻整個痛苦的循環，都被心對感受的無明反應給催化。一切眾生毫無例外都有感受，而無明眾生則因對感受的反應而痛苦。感受由於體表接觸外在世界，以及心接觸境法而生起。因此，當在四念處的上下文中說「受」時，我們並不區別身體感受（「陽光感覺溫暖」）與心理感受（「我感覺悲傷」），而交替使用「受」的這兩個意義。

從神經細胞開始發展後，我們就有感受，甚至嬰兒在子宮中便有感受。當母親移動時，肚子裡的嬰兒也感受到移動；當她唱歌時，嬰兒聽得到並感到平靜；當她生氣時，嬰兒感受到她的激動與緊張；當她笑時，嬰兒則感受到她的喜悅。然而，我們無法召回這些感受，只能當下體驗它們。

此外，我們生活的每一方面——奮鬥、成就、發明、工作與存活——都依靠感受，欲求食物、衣服、藥物、住所、性愛與身體舒適都依靠感受，人類因感受而發現、製造或發展許多事物。當感覺寒冷時，我們追求溫暖；當感覺飢餓時，我們尋找食物。我們根據感受而生育，甚至思想也經常是從感受開始。我們會合理化對某件事的情緒反應，並說：「我有充分的理由，對所發生的事感到憤怒。」

當感受是可喜的時，貪欲生起；你想要更多。當感受令你不悅時，你回報以厭惡，排斥它。當感受是中性的時，你則傾向以染污心忽略它。如我們已指出的，貪、瞋與癡——或簡言之，即貪——是痛苦的來源。受隨念是探索這個來源的良機，我們可從這源頭去滅苦。

例如你原打算觀察呼吸起伏——連同受、想、行、識——四十分鐘，但約二十五分鐘後，背部中央疼痛生起，於是把心轉向疼痛。有時在提起正念觀察後，這些小疼痛很快便會消失，但這次疼痛反而加劇，你的心轉而對抗疼痛。

若你保持不動而觀察疼痛，最後它達到頂峰後便會消退，當疼痛消退時，樂受生起。你可觀察心執著那個樂受的方式，它想要更多，然後別種感受會取代樂受。在感受生與滅的過程中，你可能會察覺感受是多麼短暫。樂受可能維持短暫快樂，但接著消退，它的消失帶來苦受。苦受在持續時很痛，但當它消退時，則舒緩的樂感會生起。

當你的心對這些感受失去興趣時，便重新回去觀察呼吸。

顯然修習受隨念並無須特殊的坐禪，我們只要保持平常的正念禪修，觀察感受的生與滅即可，就如觀察念頭的消逝一般。我們在日常生活中持續這個修行，無論坐禪或進行日常生活，只要有足以牽引心的感受生起，我們便檢視它。

當覺知感受時，再也無須機械式地回應它們，我們變得愈來愈善巧。若有樂受生起，我們能克制樂受的餘習——貪欲；若苦受生起，能克制苦受的餘習——瞋恚；若感受是中性的，則我們能認出那個事實，且不允許中性感受的愚癡餘習蠢動。

佛陀宣說感受的兩大範疇——世間與出世間，世間受是帶有某種程度貪、瞋、癡餘習的感受，它無可避免地會在世俗生活的追逐過程中生起，例如享受欲樂、追求健康、尋找伴侶、追求名位或爭取認同與權勢。從這些活動生起的感受，總會引發一些貪、瞋、癡。

佛陀一再地警告弟子們，由於這些餘習，所以世間追逐與世間感受是危險的，他勸導我們要覺知餘習的危險，並斷除它們。我們以正念讓自己不被貪、瞋、癡牽著走，並藉由觀察它們，努力克制這些習氣。我們以放鬆的心注意它們，不嘗試強迫任何事，就只是放下。

當如此做時，我們體驗出世間的感受，它們在追求心靈的解脫之道時生起。隨著這些感受的出現，在覺者的情況中，餘習被完全鎮伏或斷除。每當超越一個世間感受，就有一個出世間感受留待我們去體驗。

讓我們來看看世間與出世間的樂受、苦受與不苦不樂受。世間樂受我們都很熟悉，感官欲樂帶來豐富的世間樂受。例如美食、好看的電視節目或一輛閃亮的新車，通常都能喚起世間樂受。除非你的正念很強，否則身心快樂的感覺都會是世間的，因我們喜歡這些事物，且想要體驗愈多愈好。

出世間樂受我們較不熟悉，它們只有在我們做與解脫道相應的事時才會生起。例如，從深刻禪定中所獲得安穩與快樂的感受，或當我們順利修習念處時的喜悅與平靜感受，也是出世間感受。

當使用正念去放下如吃美食等世間樂受時，出世間感受便生起。請當心那些說能以正念去享受欲樂的人，這不是佛陀之道。佛陀教導我們要以正念放下欲樂，並享受來自放下的出世間樂受。要放下，就得對這些欲樂的無常本質保持正念。我們就這樣保持離欲，而離欲能引發出世間樂受。

每當放下一些貪、瞋、癡時，出世間樂受便會生起。事實上，我們遵循八正道所做的任何行爲，都可能導致出世間樂受。隨著正念增長，我們愈常感受到出世間之樂。

想像你有一些非常執著的物品，例如已去世好友的遺物，每次看見這些物品，執著或悲傷的感覺就會生起，因而感到痛苦。當成功放下這些物品時，你會如釋重負，此時那些感覺皆停止，你放鬆並生起樂受。這就猶如你緊抓某樣東西，抓得愈緊，手就愈痛，放開手就感到非常輕鬆。出世間樂受因你放下執著而生起。

苦受可能是世間或出世間的。世間苦受很容易衍生憎惡，例如當我們的企圖心受阻時，比方當錯過促銷活動時，憤怒或怨恨的苦受可能生起。先前討論過對治瞋恚的方法，在這些世間苦受生起時會有幫助。

當修行佛道時，出世間苦受可能生起。例如你已眞正了解佛法，很想讓心解脫貪、瞋、癡；你已修禪、持淨戒，並遵從一切指導，但覺得絲毫沒有進步。你在此情況中所經歷的挫折與痛苦感受，本質上是出世間的。

然而，不像別種苦受，這是善的，它並非出自貪、瞋、癡。你或許會問，例如：「我到底是哪裡錯了？爲何我無法獲得別人所達到的預期成果？也許我漏掉了什麼事，讓我再從頭開始嘗試。」它變成實驗與繼續的動力。你的失望並不會導致憤怒，而是創造奮起精進的動力，它幫助你邁向解脫。

中性感受也可以被歸類爲世間或出世間的。在世間追逐的環境中，一種遲緩不在乎的感受，充斥於沒有高昂樂受或抑鬱苦受的時刻。妄念可在這些中性感受中滋生，例如當中性感受生起時，若不正知，你可能會想：「啊！這就是靈魂；當靈魂不受其他事物影響，於中性狀態時，就是如此感受。」

當正念引導你看出名之爲「自我」或「靈魂」的東西一直在變化，一直受制於無常時，你獲得的感受是中性與出世間的。它是無偏、無私與無染的，你感覺靈活並樂於發現新知，不會落入此消彼長的感情漩渦中，既不貪求也不排斥，而是保持等捨與正念。你在那個狀態中維持得愈久，正念就變得愈強。

讓我們回想帶著下背痛禪修的例子。起初是憎惡疼痛，然後是樂受與執著樂受，若持續觀察感受，會發現它們一再地變化。最後，你洞見無常，放下執著與厭惡的反應。然後平等的捨受會生起，這個等捨的狀態是出世間的中性狀態。

要想修習受隨念，當一個重要感受生起時，先注意這是世間感受或出世間感受，然後覺知是要放下它或追求它。

若有個出世間感受，則努力培養這個感受，注意那個感受生起的因，以便我們未來可如法炮製。我們一再地找出會導致出世間感受的境況與行爲，積極培養會產生這種感受的習慣。

另一方面，若看見有個被貪、瞋、癡習氣纏繞的世間感受，我們便奮起精進克服該感受的這些習氣。我們非常警覺，不被從該受生起的不善法牽著走，以正念觀察該世間感受，而不做反應，直到它終於消退爲止。在過程中，我們可看見一切相關事物的無常，包括可愛（或不可愛）的對象、個人對此情況的看法、個人自身與個人相關享樂能力，以及感受自身短暫本質的無常。藉由如此觀察無常，我們便能放下。

當放下時，世間感受被出世間樂受取代，此時我們清楚覺知無貪、無瞋與無癡，然後心能重回呼吸，或也可繼續觀察出世間感受的變化。快樂生起，心靜下來，變得平靜與安穩，且快樂增長，它將導致更深層的禪定。

例如，假設有天我們早上醒來感覺悲傷，與其變得沮喪，不如找個安靜的地方坐下來，閉上眼睛，然後花些時間觀察悲傷，沒有任何設想或憂慮，就只是全然注意這個痛苦。若你允許自己流連於悲傷的因，痛苦的感受就會持續較久。但若觀察感受，則你會察覺悲傷的眞相，然後學著減少貪、瞋、癡。當你接受每個感受瞬間發生的變化事實時，你被提醒，還好苦受也是無常的，出世間樂受生起，於是整個心情從悲傷轉為平靜、快樂與祥和的感受。此時心是清明的，且能輕易得定。

假設某一天你感覺分外平靜與喜悅，你如實觀察這個出世間感受，它持續多久你便專注於它多久，但你並不嘗試讓這個感受常住。只要貪欲不生起，感受便會持續下去，甚至長達數日。當它開始消退時，你讓它走。隨著持續覺知感受，你了解到無法強迫樂受隨自己的意願停留。矛盾的是，你愈想保有樂受，它便消失得愈快。若只是看著感受來與去，你的心將放鬆並變得更自在，你也將更容易保持心情平和。

當以正念觀察任何感受時，它會達到頂峰並瓦解，然後會被其他感受取代，而它也同樣會達到頂峰並瓦解。若你從樂受開始，下一個感受可能是苦受、不苦不樂受或另一個樂受，你所經歷的感受類型不斷變換。感受類型之間的變換在刹那之間發生，感受群組——顯著的樂、顯著的苦或顯著的不苦不樂受——分分秒秒都在變化；感受趨勢則在時時、日日、月月之間變化。觀察這些變化，讓我們得以洞見自己的眞實本質。

心隨念

心隨念是指觀察各種心理狀態的生與滅——心有貪或心無貪、心有瞋或心無瞋、心有癡或心無癡、心收縮或心廣大❷、心散亂或心集中、心有定或心無定、心有上或心無上❸、心解脫或心不解脫❹。你觀察這些狀態出現或不出現，以及意識出現或不出現。

把意識從心理狀態與心理對象區分開來是不可能的，因爲它們都一起生與滅。然而，當意識受到如貪、瞋、癡、昏沉或掉舉等負面心理特質，或受到如布施、安忍或慈悲等正面特質所影響時，你可以察覺。

你完全地注意每個心理狀態的生起，且不讓自己涉入或追隨那個念頭或感受，就只是觀察每個狀態或特質的生與滅。這個生與滅是全部心的本質，每一瞬間——事實上，每一瞬間有許多次——心生、住與滅，它對於宇宙中任何生命的任何心都是如此。你愈觀察一切心理特質的生與滅，就愈了解它們是多麼善變。看見這個善變，你獲得「心」是無常法的觀智。

因此，你愈專注於心本身，它就愈顯得不實在，就如其他一切存在現象般，它一直在變化。此外，你發現沒有一個恆存實體，沒有一個在放映投影機的人，一切都是相續的、流動的，都是過程，其實你只不過是這個剎那變化的相續之流罷了。由於這個過程無法控制，因此你毫無選擇地只能放下，在放下時，你感到喜悅，並瞬間嘗到解脫與安樂的滋味，那是佛陀之道的目標，於是你知道此心可用來獲得智慧。

法隨念

法隨念聽起來很像是一種新的禪法，但它只是你已在做的修觀的另一種描述方式而已。「法」（心理對象）是指念頭，在此是指一切心識活動。「法」可分成好幾類——「十結」、「五蓋」、「五蘊」、「七覺支」與「四聖諦」，它們可能依任何順序生起。

坐禪時，修習所選定的禪修對象，例如呼吸，你很快地便覺知任何生起的念頭，如疑蓋或五蘊之一，那個心理對象——念頭——成爲心暫時的禪修對象。你只注意該心理對象並看著它消失，或若它是不善並持續存在，則你盡一切努力去除它。當心理對象消失時，你注意它具有無常、苦與無我的特色，然後重新把注意力轉回呼吸，或所選定的禪修對象。當下一個念頭生起時，你重複這個過程。

請注意！別預判禪修期間你會轉向何種心理對象，也無須將生起的對象歸類，心想：「我正在觀察一個結。」觀察如喜悅之善法時，你盡一切努力維持此善法，但也持續觀察這些狀態的無常、苦與無我。

然而，一如前述，修習正念並不限於坐在蒲團上。無論哪一種姿勢，或正在做什麼，你都可覺知任何心理活動的生起。隨著嘗試每天維持正念不斷，不善法發生的頻率終將遞減，而善法則將遞增。由於迷失在負面思惟的時間愈來愈少，你愈來愈容易現觀心的活動。

當訓練自己於多數清醒時刻保持正念時，有天就會發現你的正念既穩定又強大，心非常清明，你會開始看見所經歷的一切事物如何契入四聖諦。當這發生時，四聖諦即成爲你的禪修對象。你可以回顧第一步〈正見〉的「正見隨念」小節（本書第90頁）觀察四聖諦的例子。

當正念增長時，你自然會開始觀察覺支——達到聖道目標所需的內心特質。爲了成佛，佛陀修行數世才圓滿這些覺支。七覺支是念、擇法、精進、喜、輕安、定與捨。你過去一直都在修習它們，當正念增長時，它們就會更上一層。傳統上，七覺支是依生起的順序呈現，因每一支的進步都會導致下一支。

當正念既穩定又強大時，注意它的強度，它成爲你的禪修對象。你知道自己正念分明，因此正念成爲念的心理對象。對正念的這個覺知，有助於色、受、想、行、識的經驗。受此覺知鼓舞，你持續修習正念，正念是成佛之道一路上都不可或缺的，它是菩提道的根本元素之一。最後，在經過許多努力之後，你的正念終於變得更深入、更清明與更強大，你知道自己的正念已安住，此時念已提升到覺支的層次。

依靠正念，你能抉擇善與不善法，能觀察經驗對象的特徵，發現它們都具有無常、苦與無我的特色。在這些努力的過程中，你發展出抉擇實相的習慣，依靠穩固的正念，想要客觀抉擇一切經驗的善念生起。你清楚覺知此事，之後，你的心理對象是抉擇諸法。你增上正念的表現，就如手電筒在黑暗中照亮事物一般。

以強大的正念專注於所經驗的對象，你抉擇並看見現象的無常本質。那個對象消失時，另一個對象生起，揭露同樣無常、苦與無我的眞諦。當下一個經驗生起時，你可能想：「這一個將會是恆常的！」但強大抉擇力告訴你那也是在變化的。當持續尋找眞相，並發現一切經驗都同樣具有那三個特徵時，你的抉擇成爲覺支。

你抉擇的一切事物持續揭露這個眞諦，你熱切地想多看一些，內心充滿能量，此時你的正念強大，宛如水晶體一般。過去你一直精進——修習正念、斷除不善法、增長善法並努力完成每一聖道支。現在你的努力終於有了成果——精進覺支。

你感覺精力充沛，足以讓心去從事任何工作，精進成爲你正念的心理對象，希望這個精進心一再出現的善欲生起。現在有了強大的正念、強大的擇法與強大的精進，你持續抉擇心中生起的任何對象，一再地看見三法印。你愈精進洞見眞諦，就愈高興，甚至充滿喜悅。你感到非常高興，因你對實相不再迷惑。因此，喜覺支成爲正念的新對象。

喜帶來滿足，那導致快樂，樂帶來平靜與輕安，因此輕安生起成爲覺支。由於持續在每個層面，在每個想像得到的經驗上，看見相同的眞諦，因此你感到很輕鬆。過去一直都如山頂上的旗子一般擺動不已的心，如今不安已消失，安止來到，深刻有力的禪定生起。早先，你可能已有深刻強大的定，這是相同的。但現在心是成熟的，你可用這個定來達到聖果。因此，定成爲覺支。

所有覺支都處於完全和諧的狀態——念、擇法、精進、喜、輕安與定，它們是平衡的，在這個階段捨覺支接手。「捨」於非常客觀穩定的狀態，洞見一切生起的事物，從而淨化其他各覺支。之前，總是會有些不切實際的微細欲貪。例如，你心想：「我希望這個美好的經驗能持續。」這個微細欲貪在心處於等捨狀態時終止。

當無常很清楚時，你不會希望下一刻會是恆常的。當事物不圓滿的痛苦本質愈來愈清楚時，你不會希望下一刻會是圓滿的。當事物無自性、不可控制與無我的本質愈來愈清楚時，你不會期望下一刻會是不同的。依據等捨，心對事物不會有絲毫不切實際的看法，心完全與眞諦一致，這便是四聖諦接上七覺支的方式。你如實觀苦，過去一直修習至今的聖道，你也能如實觀。

每當這些覺支的各支不生起時，你清楚覺知此事。每當它們確實生起時，你清楚覺知此事並修習它們，直到達到圓滿爲止。當七覺支的每一支都臻圓滿時，便達到涅槃，究竟快樂與安穩。我們可在此生之內達到這個目標，當達到時，一切痛苦皆止息；一切問題皆終止；一切不安、憂慮、恐懼與緊張都消失，再也不會回來；沒有渴愛，也不會執取任何事物。我們活在完全和諧與平衡之中，所有感官都變得很敏銳。我們依然吃飯、喝水、談話、走路，以及使用身與心，但完全正知與正念。我們的戒律不會讓我們自以爲高人一等，禪定不會讓我們自讚毀他，智慧帶給我們完全的慈、悲、喜、捨，我們永遠不會再被生命的上下起伏所困擾。

正念隨念要點

- 正念是時時注意當下。正念的心是準確、敏銳、平衡與不亂的，它就如一面鏡子，毫無扭曲地反映站在它前面的任何事物。
- 正念讓你能深入洞見三法印——無常、苦與無我。
- 你可使用任何對象來提升正念，只要它有助於你獲得三法印的觀慧。
- 正念的深層目標是打開慧眼，因洞見實相的真實本質，是持久安穩與快樂的無上祕要。
- 四念處是身隨念、受隨念、心隨念與法隨念。
- 身隨念的三根本法是入出息念、身姿勢念與身部分念。
- 入出息念能幫助你學會專注，因呼吸是容易觀察且一直存在的。
- 心氣合一使心活在當下。呼吸也能當作心觀察其他現象後可返回的基地。
- 緩慢與正念地走路，可以是揭露無常、苦與無我如何遍及一切瞬間的完整禪法。同樣的禪法，可用在其他如坐、立與臥等姿勢。
- 整天維持身姿勢念，訓練心清楚看見五蘊的特徵。
- 觀察身體為三十二個不斷變化部分的組合，讓你明白身體是無常的，沒什麼可執著。
- 樂受與苦受皆來自我們的態度，因此我們可停止將自己的感覺歸咎於別人。
- 痛苦的整個循環，是被內心對三種感受——貪著樂受、憎惡苦受，以及於中性感受有身見——的無明反應所推動。
- 「世間感受」從世俗追逐中生起，且有貪、瞋、癡的餘習。「出世間感受」從內觀中生起，且無任何餘習。

- 受隨念是我們平時修觀的一部分。由於看見感受的無常，我們學會斷捨貪、瞋、癡的餘習，並修習出世間感受。
- 佛陀並未教導我們「正念地享受」欲樂，他教導以正念斷捨對世間樂受的欲貪，並享受由此離欲而生的出世間樂受。
- 當修習心隨念時，你注意心理狀態的起伏，諸如心有貪或心無貪、心收縮或心廣大等。
- 法隨念，意指注意五蓋、十結、五蘊、四聖諦與七覺支等的生與滅。
- 你可視覺支為修習正念的結果。當正念加深時，它們以此順序生起——念、擇法、精進、喜、輕安、定與捨。
- 當一切覺支都圓滿時，我們達到涅槃、究竟快樂與安穩。我們可在此生之內達到這個目標。

譯註：

❶德寶法師在此是採用長音的解釋（kayāgata-sati = kaya-agata-sati，意即「身非道念」或「身不相應念」），但傳統上是採用短音的解釋（kayagata-sati = kaya-gata-sati），譯爲「身至念」。

❷「心收縮」是指心被昏眠所壓抑，當想睡覺時，心是收縮的；「心廣大」是指心入於禪定。

❸「心有上」是指心和欲界、色界有關；「心無上」是指心和無色界有關。

❹「心解脫」是指心剎那或暫時解脫煩惱，它是內觀心或禪定心；「心不解脫」是指心未解脫煩惱。

第8步

正定

正定是佛陀八聖道中的最後一個重要步驟。當心是安定、平靜與專注時，阻礙我們快樂的諸蓋就不會生起，此外，當坐禪時，我們能將定心集中於隨意識生起的心理對象上。禪定幫助我們突破這些對象的表象，清楚認知它們的無常、苦與無我。有了正定，我們的禪修速度將加快，且能在佛道上快速前進。

通常，當我們說某人「正在專心」（concentrating）時，它可能是指任何事，從沉迷於電視節目，沉思西洋棋賽，乃至密謀犯罪。但佛陀教導作爲八聖道支的「禪定」（concentration）有三個特色：它總是善的；它進入非常深而有力的一心（心一境性）層次；它合併使用正念以增長智慧。

這種禪定不會立即發生，它一如其他技巧必須按部就班地學習。心必須接受訓練，它可能得歷經數次禪坐乃至數年禪修，才可能培養出善、一心與正念的禪定。一旦達到這個完全的定，我們必須一再地重複這個訓練步驟，直到能輕鬆與隨意地生起正定爲止。

我們在開始時提過，找一位好老師指導修行很重要。當你開始修習禪定時，好老師能提供很大的幫助。當你嘗試提升能力時會生起許多問題。若找不到好老師，退而求其次的最好作法是，閱讀完全深入主題的書籍。

此外，只要你繼續處理日常生活瑣事，心就很難有足夠的平靜來達到禪定。我們建議你排出一段專門禪修的時間，例如一個星期的休假。參加密集的禪修閉關，是最好的開始方式。

善定

並非所有的定都是善的。想想貓作勢欲撲，專心於牠的獵物。貓有很強的專注力，但那不是善的，善的定心是沒有貪、瞋、癡的。

在日常生活中，我們可能用很強的專注力去解決數學問題，修理汽車引擎，或調製複雜的配方。這種定力若被諸如布施、慈或悲所推動，那它就可能是善的；但若它是出自貪欲、憎惡或殘酷，那麼它就是不善的。

包括五蓋在內的不善法，出現在日常專注中的頻率之高，遠超出你的了解。例如，當你嘗試解決數學問題時，可能太執著於要在考試中贏得好成績；在修理汽車引擎時，可能害怕搞砸了這份工作；在烹煮精心製作的食物時，可能生氣地想到會吃它的家人。佛陀教導的禪定永遠是遠離諸蓋的。

坐禪也是如此，若定是建立在有蓋障出現時，則它是不善的。例如，你可能達到一個有昏眠蓋障的小定，可能是在半夢半醒的狀態下，有快樂的夢想。之後，你可能以爲在禪修期間獲得很大的成就。這是妄想，不是善定。

在內心有憎恨時修定也是不善的。你不難分辨這個方式的禪修出錯了，因你會感到緊張、憂慮或沉重。有些禪修者甚至可能因不顧惱怒或其他憎惡，強迫自己專注於禪修對象而感到頭痛。你應一直修習正精進以去除這些障礙，並在繼續之前創造一個善的心理狀態。禪修可能造成的最大錯誤是，在禪修中花時間專注於悲傷或其他不善念。當然，把正念的覺知帶入這些狀態是善的觀禪。

因此，建立正定的第一步，是藉由不被諸蓋障礙內心，來確保修行是善的。每次你意欲建立正定而打坐時，應遵循幾個步驟：

- 在禪修期間，斷捨對外境、觀念、人物與習慣的一切執念，別想家人、朋友、親戚、工作、收入、賬單、投資、財產或責任。告訴自己：「我選擇利用這段非常特別的時間來改善自己，坐在這個蒲團上不是爲了想那些我平常就在想的事。我應善用這段時間。」
- 別擔心尚未做完的事，或已做錯的事，或可能不小心冒犯了別人。提醒自己過去的已過去，做過的事不可能回頭。

- 花幾分鐘修習慈念，讓心感到愉快且較能專注，然後做三次深呼吸。
- 把心集中在你選定的禪修對象，例如呼吸上。
- 把心保持在當下。
- 保持無間精進，使心集中。
- 若五蓋中的任何一蓋現前，用已學過的方法斷除它。修習它的對立面善法，例如，若欲貪現前，就修習捨念，讓心變得輕鬆且光明。
- 一旦斷除蓋障，重新將心聚焦於選定的禪修對象，例如呼吸上。
- 謹記這段期間的目標是練習禪定技巧，此時不應太去觀察經驗的細節，而是應保持正念，專注於主要的禪修對象。
- 每次建立起善定，它便會愈來愈容易，而你也應感到鼓舞。無論那個善定可能多麼短暫或微弱，你都有所收穫，你已斬斷舊習，並改善內心。

當修習定心時，你應對所能達到的任何善定階位感到高興。坐禪時，善定帶來能量、一些穩定性，以及對修行的初發信心。喜則因爲善定抑制五蓋而生起。

即使在日常生活中，要想有好的道德生活，也需要某種程度的善定。善定幫助你聚焦於正面的身、口、意行，並遠離惡行；讓你能以平和的心態，客觀地處理日常問題。反之亦然，修行善定成功與否，取決於堅強的戒律基礎，當你的道德感增強時，定力也會隨之增長。

我們迄今爲止所談的定，可名之爲「平常的善定」，這種定相對上較容易達成。但從「平常的善定」生起的洞見能轉化生活，它令你遠離不善的身、口、意行，對於有礙心解脫的事物皆不感興趣。所以，佛陀說善定是一切善法的先鋒。

當佛陀還是悉達多．喬達摩太子時，父王不讓他看見會鼓舞他朝心靈方向發展的事。當太子終於看見四個景象——老人、病弱者、屍體與出家修行者，那標示了他的轉捩點。深思這四件事，悉達多達到定的狀態，觀慧從痛苦的事實中生起。因此，他決心不返回父親舒適安逸的宮殿，而要去尋求解決人類痛苦的方法。

同樣的事也適用於我們。當我們以善定觀察它們時，一般的日常事物也能觸發心去更深入思惟。可能從「平常的善定」生起的洞見，可說服你待在痛苦輪迴已夠久，這正是展開你人生新頁的時刻。你在生活中，對於痛苦有了新視野與知識，看見追逐感官欲樂的盲點，洞見物質歡樂滿足表面下潛藏的緊張與悲哀，不再嘗試將苦難合理化爲樂事。

離苦的方法愈來愈清晰。由於「平常的善定」幫助你看見佛陀法音的眞實性，你受激勵去發展更深奧的定境，以便能達到更深的觀慧。

禪定階位

可能導致最深證悟的深定被稱爲「禪定」或「禪那」（jhana）。禪定永遠都是善的，且具有專一、不散亂的焦點。然而，請注意！禪定還不是正定，除非正念現前。有了禪定，你邁向覺悟的進步將會加速。

我們所談的定有非常特殊的意義。每次心專注於任何對象，無論多麼微小，定都會生起。但通常我們只注意大畫面，而忽略構成它的小點。例如在閱讀的動作中，眼睛專注於一個字接著下一個字，一個詞接著下一個詞，然後它們把訊息傳給心。但我們並非逐字甚或逐詞閱讀，心的速度太快且專注力太強，以致我們是整行或整句地閱讀。

若把過程放慢，我們就能覺知每一個小剎那定。修定的目標是保持覺知，好讓定相續無間地流入每一個剎那心。然而，這個覺知階段是困難的，剎那心如此微小，它幾乎難以想像。

有人請佛陀以例子說明剎那心，他回答無法舉例，因不可能描述剎那的迅速與快捷。然而，假設有一個微小纖細的蜘蛛網，假使你拿蠟燭去燒它，燒掉蜘蛛網要多久？你可能還來不及靠近它就燒光了。他說在這麼短的時間之內，有成千上萬個剎那心生起、成熟與消滅。佛陀以此說明心的快速簡直是不可思議。

每一個飛逝的剎那心都是由更短暫的三個剎那組成：生剎那、住剎那與滅剎那。滅剎那後，下一個剎那心立即生起，緊接著是它的住剎那與滅剎那，這三個更短的剎那構成一個完整的刹那心。平常的定只有生起些許刹那心——也許萬億分之一。一個很強的定心，可以往下一路看到每個刹那心的生、住與滅。一旦直接觀察到每個刹那心的生與滅，我們就不會再懷疑諸行無常的眞實性，且必須放下。所以，我們才需要一個完全的定心，以便看清足以達到覺悟的實相。

禪定有數個階段或階位。事實上，禪定有八個階段是尚未覺悟的人能達到的，且它們都可用來達到覺悟。然而，爲了簡化，我們將討論侷限在前四個階段。

至少初禪是培養如實洞見事物之能力所必需的，達到接著三個階位的每一個，都會讓洞見實相變得更容易。在第二禪，定力因爲少了尋、伺❶的思考過程而大爲增進。在第三禪，正念變得更加強大，而在第四禪則更是如此，它由於捨的出現而被完全淨化。

初禪

爲了達到初禪，你必須清除內心一切障礙且建立善定，然後必須備齊五個禪支——尋、伺、喜、樂與定（心一境性）。

在不同的環境下，這五禪支可能單獨或合併生起。例如，每次瞋恨消失時，樂便生起。當睡意消退時，尋便可能生起。當不安與憂慮消退時，喜可能生起。每當有平常善定的刹那時，喜會由於無蓋障而生起，而其他某些禪支也可能生起。

當五禪支的任何一支生起時，會有美好的感覺，你可能以為自己是在天堂中。但這非凡的感受並非禪那，你也不能胡亂拼湊這些禪支而達到禪定，必須按部就班，遵循一定的系統才可能達到初禪。

這方法從平常善定開始，你在這狀態下獲得的喜會導致樂。喜與樂是不同的情感，喜在充滿希望的樂之期待中生起，而樂則從希望實現的滿足生起。有個譬喻有助於區別喜與樂。

你走在沙漠上，又累又渴。然後看見有人頭髮與衣服都濕淋淋地走近，你高興地問：「你怎麼濕答答的呢？」

「我剛從那邊的一個綠洲過來。」

你走向綠洲。當你初見水時，感覺喜，隨著愈來愈近，喜愈增長。然後，你頭先浸入水中。你喝水，然後躺在岸邊休息，感覺清涼與平靜。「啊，好樂！樂即是如此。」

通常，人們將樂與興奮混為一談。例如，某人中了一大筆樂透彩金，會藉由親吻、擁抱、尖叫、跳上跳下來表現興奮。那人心想：「我太快樂了！」但這感覺並非眞正的快樂，那是興奮。眞正的快樂生起時，興奮消失，你會感到放鬆與平靜。

眞正的快樂會帶來輕安，隨著心安定下來，它自然會變得更專注。當專注加深時，你可進行以下的步驟修心，趨入禪那：

●保持心穩定地集中於呼吸或其他禪修對象。此時，其他對象如聲音或念頭生起時，別轉而檢視它們，放下一切出現的事物，並回到呼吸上。反覆如此做，直到心對其他一切事物都失去興趣，並待在禪修對象上為止。

- 最後，呼吸或其他選定的對象似乎消失，並被它記憶中的印象所取代。那個心理畫面或感覺——稱為「似相」（nimitta）——成為新的禪修對象，你專注於此。
- 當那個心理畫面也消失，且心專注於本身時，便已達到初禪。

這如何發生？當善定加深時，心逐漸對其他事物失去興趣，並待在禪修對象上。當持續專注於這個對象時，它變得如此微細，以致你完全無法察覺。但在專注處，例如鼻尖，呼吸或其他禪修對象的記憶會繼續延伸。這個記憶轉變成稱為「似相」的非常愉悅的感覺，這似相可能以如燈光的視覺畫面，或如輕觸的其他感覺等方式呈現，它究竟如何呈現，往往因人而異。

然而，無論似相如何呈現，當修習它時，你便專注於它，每次禪修時都使用同樣的畫面。別告訴其他人你的似相，每個人的似相都不相同，你只會讓別人迷惑而已。在開始修行時，禪修對象是入息與出息，現在你以似相為禪修對象。佛陀勸導比丘們「練習、增上與固定」此相。（A IV〔Nines〕IV.4）多練習達到似相幾次，直到能完全控制它，只要想體驗便能看到，且能與心合一為止。

當似相初次出現在修行中時，它看起來是靜態的，因此定可能基於它而生起。但當完全注意似相時，你開始看見它本身隨時在變化。最後，一如其他所有因緣法，似相本身消逝。當似相也消失時，心除了它自己外並無專注對象，因此心開始專注於自身之內。此時，「尋」短暫發生，這是善的心一境性的開始。

當「尋」維持幾秒時，「伺」可能生起，現在心穩定地待在禪修對象上。因爲心不再到處遊蕩，更微妙的「喜」特質生起，然後緊接而來的是更微妙的「樂」。這四個禪支引發禪那，現在初禪的五支——尋、伺、喜、樂、定——成爲一個整體一起運作。

人們經常問我：「我如何知道我是否已達到初禪？」答案很簡單：如前所述，只有當五禪支成爲一體一起運作時，才能說你已達到初禪。想像在看一道彩虹，在發現它之前，你可能看見這裡是紅色，或看見那裡是綠色或藍色，或一些混合的色彩，它們可能是很美、很棒的顏色。但那不是彩虹的現象，除非有陽光反射在雲端的適當因緣，造成一系列的折射光色出現，否則並無彩虹。同樣地，除非五禪支串連起來的因緣具足，否則沒有初禪。

有些人以爲定心是一片空白，他們想像禪修者的心是無感覺的——就如石頭般停在那裡。事實勝於雄辯，禪定心並非靜態的，而是動態的。初禪心有下列幾個動態特質：

- 捨，平衡的，不苦不樂受
- 輕安，不關心諸如政治或感情等世間俗事
- 一境性（one-pointedness）
- 觸、受、想、行與生命力等心所

●熱忱、決斷、精進與正知

內攝之心有強大與動態的力量，它如漩渦一般，不斷地往內集中聚集更大的力量，並創造更強的渦流，這強大的力量稱爲「集中力」（或「定力」）。例如，想想水力發電的力量，當大量的水被強迫流經一個小洞，集中的水力強大到能推動足以照亮一個城市的渦輪機。當水不被往外集中時，它的力量便會向內凝聚。同樣地，當心沒有促使它集中於外在或內在對象的分散因素時，它的力量是內聚到自己身上。此時心就如水被迫流經一個小洞，它的力量大到能在最微小、基本與次原子的身心層次上，直接觀察無常。禪那便是這種將心集中於一點的善法。

這個動態集中和被「黏」在禪修對象上不同，後者是執著，會使心動搖。禪那並非心與對象統一，而是心與自身統一，對象只是當作達到心的跳板而已。若心黏著在一個對象上，就不是善的，那是有貪定。很不幸地，這是某些禪修者所修的定，它無法帶來解脫。

當第一次達到初禪時，你是如此充滿喜與樂，以致這些正面狀態感覺起來就如身體不可分割的一部分。它們就如澡鹽徹底融入洗澡水一般，以致你再也無法將鹽與水區分開來。同樣地，當全身充滿喜與樂時，你無法將身體的感官與那些感受區分開來，安詳的感受大到你希望永遠都待在這個定境之中。

第二禪

達到初禪之後，你最好別立即勉力爭取第二禪，這會是愚蠢與無益的心靈抱負。在達到第二禪之前，你一定要令初禪圓滿，若是太急，不只可能無法達到第二禪，甚至連初禪也無法再次獲得。

佛陀比喻這類操之過急的禪修者，是還不熟悉自己的牧場就啓程前往新牧場的乳牛。這頭笨牛迷失在山中，不只無食物與水，且找不到回家的路。這不是尋找新高點的時候，而是堅忍修心的時候。

因此，當達到初禪時，你應謹記達到它所遵循過的步驟，這是正念派上用場之處，它幫助你記得獲得初禪所遵循過的步驟。若定好像發生得很突然，根本未經過這些步驟，則你所體驗的並非禪那。有些老師可能會宣稱你已達到第幾禪，你要親自測試這個認可，別毫不考慮地就接受別人隨口宣說的意見。

複習過這些步驟之後，接著應以正念決定再次達到初禪，決定在這個定境待久一點，並決定要何時結束禪定。做了這三個決定之後，你遵循必要的步驟，並練習達到初禪許多次。

當一再地重複這過程時，你對「尋」與「伺」失去興趣，這個改變在一次禪坐或多次打坐中發生。例如，假設你達到初禪五十次，且逐漸喪失對「尋」與「伺」的興趣，然後在第五十一次達成時，你完全跳過這兩個禪支且不再注意它們，因你已對它們徹底喪失興趣。此事發生的那一瞬間，這些禪支消失，你達到第二禪。

在第二禪中不再有尋思干擾心，而打斷它的專一，剩下來的禪支是更強的心一境性、喜與樂。第二禪的喜與樂較和緩且更微妙，因它不再是建立在解脫蓋障，感覺歡欣鼓舞的心上。從第二禪的成就也會生起新的淨信——相信你繼續進行的能力、相信這個方法，以及相信佛陀的法音。定更加增上。

想像一個冷湖的水源只有來自地底湧出的泉水，新鮮的泉水混合該湖的冷水，徹底遍滿與補充它，這個湖被洗淨，卻依然維持平靜。就如泉水湧入湖中般，在第二禪從定而生的純淨喜、樂持續湧入心中。心如此舒服，且身體周遍盈溢著喜與樂。

第三禪

使用如同前面的程序，你重複第二禪許多次。當初次達到第二禪時，你感到的喜是美好與清新的。然而，不斷地重複讓喜顯得單調而非平靜。逐漸地，你開始忽略它，當你忽略喜禪支時，它逐漸消退。喜從心消失的那一瞬間，你達到第三禪。

捨變得更強，定也是如此，這讓正念更強與更穩定，你的心被更深與更微妙的樂所充滿。試想一池睡蓮只在水面下生長，這些蓮花生在水中，保持在水下，且從淺水得到養分，它們裡裡外外徹底浸潤，每個細胞都飽含水分。同樣地，在第三禪，你的身體完全浸潤與充滿著樂。

在第二禪，有少量的活動或激動，猶如泉水湧入湖中，但在第三禪，你感覺不到有以身外的樂來補充自己的需要。你的妙樂有寂靜的特質，因樂已完全融入身與心。

第四禪

如同前面，你重複第三禪許多次，直到對樂也失去興趣。當樂消退時，由於捨──完美情感平衡之不苦不樂受的出現，你的正念變得更加純淨，你開始發現念與捨甚至比樂更平靜。當完全放下樂時，你達到第四禪，在此，念被捨的力量所淨化。你回想第三禪也有捨，但因尚未放下樂，捨還未強到足以淨化念。

在第四禪，心是完全寂靜、安寧與穩定的。因一切不善心都已被鎮伏，心不受干擾，內心的純淨與清明遍布身體，就如一塊柔軟、清淨的白布輕柔地裹覆你。布如此清淨與柔和，以致你幾乎感覺不到它，但它保護你免於受到蟲、熱、風、寒的傷害。同樣地，當心是純淨與清明的時，沒有任何東西能動搖你，使你陷入貪著或憎惡，它維持平等一如。即使身體感到蟲咬、冷或熱，心依然維持不動；即使有人拉你的袖子並和你說話，心忽略侵擾，維持於定與不散亂。

此時，你已獲得眞實的定力，心已統一，變得純淨、光明、解脫諸蓋且穩定，它是溫順而不可動搖的，爲了最重要的任務而變強與變敏銳。當將此定心集中在一個禪修對象上時，你如實照見該對象。換言之，完美的定心可洞見事實的眞實本質。

這第四禪如此令人愉悅，以致你可能希望浸淫其中好好享受，而不想把心導向內觀。然而，若你只是「欣喜若狂」，而疏於探索運用定的方式，那就侷限了它的能力。你的定還是善的，它並無任何過錯，但若不善加運用定心，就如收到世上跑得最快的純種賽馬的禮物，卻只是用在住家附近騎乘獨自享樂一般。禪那是非常寶貴的工具，你不能如此浪費，若禪定時運用正念洞見實相，則禪定能幫助你達到解脫。

正定隨念

坐禪有三種善巧的作法。第一種是從努力達到禪那開始修，一旦達到禪那，便以它來修觀，也就是你利用禪定來內觀色、受、想、行、識的無常、苦與無我。

第二種作法是從觀禪開始坐禪。當開始觀禪時，每當一個對象吸引你的注意時，便看它直到它消失爲止，觀察它的無常、苦與無我，然後放鬆重新回到主要的專注對象，例如呼吸。每次回到呼吸，你的定都更加深。斷除任何生起的蓋障，這會加深你的定。當如猴子般的心慢慢靜下來時，對於平時會引起你注意的對象，你便會失去興趣。這些對象慢慢從覺知中消退，終於似相生起，然後尋與伺，最後禪那以先前解釋過的方式生起。在禪那中，你持續修觀，觀察色、受、想、行、識的無常、苦與無我。

第三種作法是從觀禪或努力入定任何一者開始，並在兩者之間來回變換。例如，從專注呼吸，並忽略其他對象，努力於入定開始。若定無法安立，挫折生起，接著便以修觀來觀察挫折感中的變化，當挫折消退時，你注意其他可能生起的蓋障。一旦心安定下來，便重回更深的焦點，忽略其他對象的生起，再次努力達到禪那。因此，在這第三種作法中，定與念的表現猶如團隊，逐漸加深你的定，並磨利你的慧。終於有一天，當慧即將完成它觀的能力，而定也近乎圓滿時，兩者合一。

因此，不論你如何開始禪修，只要善巧地運用念與定，終將達到止觀雙運。若你坐下來禪修，發現蓋障很容易斷除且心很平靜，則最好從定修起。反之，若心奔馳不已，開始時很難安定，則你不應嘗試修習禪定，而應從內觀修起，或在兩者之間來回。修觀或修定的判斷，取決於你心最初的穩定度。

不論你起初的作法爲何，一旦禪定與正念結合起來，便可利用它們來斷除前三結。你看見無我，因此捨棄恆常與不變自我的見解（斷有身見）；你看見禁戒與儀式的無聊（斷戒禁取見）；你比以前更清楚地看見四聖諦，因此對佛陀的覺悟之道不再有任何疑惑（斷疑）。斷除這三結之後，你進入初果。

運用定心有點像使用雷射光去燒灼硬物，要有效地集中光束，必須使用眼睛，若你一直束張西望，將無法正確地集中光束，最後不是燒錯東西，就是什麼東西也沒燒成。當然，若你未在一開始就打開雷射光，則沒有東西會被燒灼，即使坐在那裡看它一整天也沒用！

在這個比喻中，眼睛就如你的智慧或觀慧，雷射光就如入定時的心。慧與定一起運作，若無觀慧，定的光束會亂照，或可能集中在錯誤的事物上。沒有定的光束，慧眼也許看得見對象但無法燒灼它。我們想燒灼的東西是什麼？那就是垢染、不善法，我們必須以智慧照見它，並以定心燒灼它。

因此，一旦建立起正定，你專注的對象是什麼？你將善的心一境性集中在身心成分——色、受、想、行、識——的不斷變化上，注意這些成分的無常、苦與無我。當注意這些成分的任何一個時，你看見它們全部都一直在變化；看見因執著無常的樂受，所造成的痛苦與無常之間的關連；看見凡是無常與受制於苦的事物，都是無我（無自性）的。

看見自己色、受、想、行、識是無常、苦與無我的，這是觀禪的主要功能。當那個功能實現時，你將放下對組成身心之五蘊的執著，由於並無任何東西可執著，你因此達到解脫。

當禪修者在正念的引導下充分地修定時，可回溯內心事件、時間、思想與以前行爲的畫面，直到能掌握到現在相續流動與過去事件、時間、思想、行爲的連結爲止。那個連結是貪欲與無明，他們親眼目睹無常，對於無常事物的貪著，以及痛苦三者之間的關係。禪修者的觀慧也看出一切向度中的不善法，以及它們如何生起與爲何生起。智慧看出一切不善法皆來自執著，這個執著可終止，以及終止它的方式是藉由終止自己的貪欲。

透過這個了知，禪修者親身體證一切事物都是無常的，執著任何無常的事物都會造成苦，以及一切存在的事物都無恆存實體。獲得這三種了知，是覺悟的入口。

運用禪定

在佛陀覺悟的那一夜，他並未在發展強大的禪定之後便忽略它，他運用它。在一個雷霆萬鈞、充滿爆發力的時刻，對於無常、苦與無我的三種體悟一起出現，佛陀因此達到目標。

運用禪定的體悟是關鍵。經上說悉達多．喬達摩（佛陀覺悟之前）以前的兩位老師——阿羅邏迦羅摩（Alarakarama）與鬱陀迦羅摩子（Uddaka Ramaputta），已達到禪那。然而，他們並未訓練自己集中注意力在色、受、想、行、識上，以看見它們的眞實本質，而是執著於禪定之樂，並認爲這個樂受就是覺悟。

悉達多．喬達摩說他以前的老師和他同樣具有信心、精進、正念、禪定與智慧，他們的智慧和他一樣，幫助他們了解蓋障的危險，以及必須斷除它們。但和悉達多．喬達摩不同的是，這兩位老師不了解自己只用定境來鎭伏諸蓋，而非斷除它們，且未發現潛在的結使——束縛人類反覆轉生的力量，只有悉達多．喬達摩以禪定洞見五蓋與十結如何困住我們。

佛陀達到的了解是什麼？你已學過，五蓋——貪欲、瞋恚、昏眠、掉悔與疑——障礙禪那，因此，當修習禪定時，你排除它們。然而，從五蓋衍生出來的結持續存在潛意識中。不妨回想一下，十結是有身見、疑、戒禁取見、欲貪、瞋恚、色貪、無色貪、我慢、掉悔、無明，這些不善的內心習氣在禪定期間持續潛伏著。由於潛在結使還以潛伏的形式存在，所以當出定時，諸蓋會重返。當你希望重獲相同層次的禪定時，必須再次排除蓋障，但由於修心的緣故，你將更容易過關。

這猶如拭除從髒地板上揚起的灰塵，雖然幾天前才擦過，但污垢會再次出現。地板表面的污點持續分裂，在足下粉碎，變成厚灰塵。要去除塵垢，你可擦拭整座建物，或以水噴灑地板，或倒幾桶水下去變成泥地板。無論如何，灰塵都會重返。但若你挖開岩床去除一切沙塵，然後灌入混凝土，則灰塵與沙土都將不再成為問題。深入挖掘一切塵土，就如觀禪斷除蓋與結，倒混凝土表示進入覺悟——讓心穩固，不被世俗瑣事動搖。一旦你完成此事，便無任何事物能動搖你的心。

悉達多．喬達摩的兩位老師——阿羅邏迦羅摩與鬱陀迦羅摩子，的確有智慧，知道欲樂的危險與禪那的利益，因此他們暫時去除蓋障，而達到禪那。然而，這些成就還不足以將他們從導致輪迴的諸結中解脫出來，單靠禪定無法斷結。要斷除它們，必須結合禪那與正念、正知，否則你只會陷在禪定之樂中，就如悉達多．喬達摩的兩位老師一樣，故步自封。

佛陀的智慧很特別，他不只以智慧看見欲樂的危險與禪那的利益，還以那個智慧超越禪那。他以智慧發現，在這個定境中所超越的蓋障，只是更深、更強問題——結——的徵兆。他看見結如何纏繞與困擾心，如何創造虛妄的事實，並推動痛苦的自我意識。在禪那的清淨念中，他看見超越結的方法——洞見一切有爲法的無常、苦與無我。當於存在的一切面向中看見這三法印時，你的貪、瞋、癡與諸結，都將永遠消失。

別自欺！

當我們嘗試在修行中運用佛陀的方法時，必須小心別自欺。有些人報告當他們進入深定時，感覺不到任何東西，聽不到任何東西，或有任何思想。他們完全融入，甚至察覺不到時間流逝。在閉關中，我經常看見這類禪修者就如小樹被風吹動般來回擺動。突然陷入無感覺的狀態，不能稱爲「定」，那叫做「睡覺」！有些人甚至還打鼾。只要一響鈴，這些禪修者便從「深定」出來，並說：「我有很棒的禪定，今天我要設法達到第四禪。」

別自欺！這純粹是妄想。若禪修者已達到任何一個階段的禪那，睡意會被驅除，且心會擁有一切上述的動態特質。禪那是步步爲營達成的，你清楚察覺到那裡所採行的步驟，因此之後可再次重複這些步驟。禪那逐步出現，且只有在它結合正念時，才可能驅使你沿正道，趨入菩提。

另外，別自欺以爲禪定等同覺悟，覺悟沒那麼快，也沒那麼容易，你必須經過鎮伏諸蓋、得定、定慧等持摧毀諸蓋與結的過程。無論你在定中坐多久，即使在最有力的禪定層次中也是如此，只要未斷結，你連初果也達不到。

最後，別自欺以爲單靠正念就足以覺悟，你不能說：「我不在乎定或戒，我只想修習正念。」正念無法被抽離，或獨立於其他聖道支之外。不修其餘聖道支的人們經常發現，自己無法終止貪欲、瞋恚與愚癡，因此正念也修不好。

要忍耐

爲了幫助觀禪而努力獲得禪定的人，有時會擔心自己無法入定。別灰心！要達到禪那可能得花上好幾年。若你的覺知練習是由正念所引導，則無論是否達到禪那，你都可以感到自足，別試圖勉強它。每次禪修，你便更接近禪定一點，得花多久時間，取決於你修習的頻率有多高，以及其他道支修得有多好。

有時你可能禪定比較好，有時則正念比較好。若你過去曾達到禪那，但並未每天練習它，且未能完全精通，想再次達到它，就會有困難。若潛伏的蓋障活躍起來，或你涉入不善行，則它更加顯得不可能。在禪定更困難時，應只對內心的動態保持正念，別擔心或在意自己無法入定。正念地觀察正在發生的事，會磨利你洞見實相的觀慧。只要持續練習其他各道支，且不斷嘗試而不執著得定，你可相信正定終究會到來，並利用這強大的工具，你將獲得究竟安樂。

正定隨念要點

透過正定獲得快樂的要點如下：

- 正定有三個特徵：它是善的、一境性，以及它和正念一起運作。
- 佛陀給我們一個按部就班、逐步訓練的方法，以達到正定。
- 善定是無貪、瞋、癡的定，它沒有五蓋。
- 要發展正定，得先藉由斷除諸蓋來修習善定。專注於呼吸或其他選定的對象，而不觀察可能出現的新對象。
- 在你修習善定一陣子之後，呼吸變得很微細且似乎消失。在鼻尖等專注處的呼吸記憶，轉為名為「似相」的愉悅感覺。
- 「一境性」是指在似相消失之後，心專注於本身。「心一境性」是禪支之一。
- 初禪的標記是尋、伺、喜、樂、心一境性。它令人感到非常愉悅。
- 達到覺悟至少需要初禪。
- 一旦知道如何達到初禪，你必須決定再次達到它，決定將在此停留多久，以及決定何時要出定。
- 練習達到初禪許多次，直到精通它為止。
- 當達到初禪許多次，並對尋與伺喪失興趣，藉由忽略它們，而讓伺消失時，第二禪生起。
- 當經常重複第二禪，使心對喜禪支失去興趣時，第三禪出現。當喜消退時，樂被昇華與加深，念與捨則變得更顯著。
- 當你對樂喪失興趣，且念被深捨淨化時，第四禪生起。
- 在禪那中，心充滿善與強大的動態特質，而非如石頭般呆滯，或如睡著的人一般。

- 禪那給予修習觀禪必須的特質與力量。
- 無論你在最強大的禪那層次維持多久，單靠那個並無法帶來覺悟。要達到覺悟，你必須斷除諸結。
- 你可視當日心的穩定度，從修定或修念開始坐禪，或可在兩者之間來回變換。
- 無論你如何開始禪修，禪那與正念必須等持，以創造強大的內觀。
- 強大的內觀必須看見一切存在無常、苦與無我的本質，它讓你看見貪欲在苦因上扮演的角色，並放下它。
- 單靠禪那或正念無法帶來覺悟，覺悟只有在禪那結合正念，經由內觀斷除諸結時發生。
- 達到禪那可能得花上好幾天或好幾年，若它遲來別氣餒，也別試圖勉強它。

譯註：

❶尋（vitakka）是將心投入或令它朝向所緣的心所；伺（vicAra）是保持心繼續專注於所緣上的心所。在禪修時，尋的特別作用是對治昏沉睡眠蓋，伺則對治疑蓋。尋如展翅起飛的鳥，伺則如展翅於天空滑翔的鳥。尋與伺的作用強，心可長時間安住於所緣，而達到初禪。在第二禪至第四禪中則無尋與伺。

結語

佛陀的承諾

區分佛陀之道爲八個步驟，並非表示它們是垂直的階梯，我們無須精通一個步驟才能移往下個步驟，這條道路更像是螺旋狀的。當你啓程時，對所有八個步驟都有一定程度的了解，當持續練習時，這些步驟會在你心中變得愈來愈清晰，於是你前進到下一個階段。

然而，有幾個有用的方法，可幫助你將這條道路想爲一個整體。有件事很清楚，那就是貪、瞋、癡是三個最強大的不善因素，且是一切苦難的源頭。相對於此，是三個最強大的正道面向——佛法的正見；斷除貪、瞋、癡的正精進；以及能斷除那些狀態的正念修行。這三個道支——正見、正精進與正念——相輔相成，並一起運作幫助你在正道上前進。

要了解佛陀的教導需要精進。不努力，不改變，只是理所當然地生活，且繼續已成爲舒適習慣的一切思想與行爲型態，當然容易得多。但佛陀教導我們，只要人們不了解眞諦，就會假裝自己沒有問題，或因問題無法解決而感到絕望。

但你若精進，就會了解更多，正念可幫助你。事實上，若無正念，你將永遠無法了解任何事！你可以精進，也可以努力，但若無正念，將永遠無法在了解上取得進步。透過正念，你可了解苦、苦集起的因、苦滅以及滅苦之道的眞諦。此外，當修習正念時，你努力保持內心無貪、瞋、癡。因此修習正念需要精進，而正念與精進的結合可讓心遠離邪見。

佛陀的其他聖道支也依賴這三支，正思惟、正語、正業、正命與正定都可以只在正見、正精進與正念的支持下修習。若無正見，你將不明白爲何改善生命中的其他這些面向很重要。若無正精進，你將發現對前進目標不可能有正面改變。而正念是覺知與注意的最重要工具，它幫助你對抗惡法，並趨入圓滿。

另一個思惟八聖道支如何一起運作的方法是，把它們區分爲三組——戒、定、慧。每一組都把你推向下一個修行，且讓你更全面了解聖道爲一個整體。這如何運作？

第一組從一定程度的正見開始。例如，你了解貪欲如何造成苦，因此開始練習布施。你也了解瞋恨與殘酷如何造成自己與別人的痛苦，因此決定修習慈與悲。布施、慈與悲這三種想法是正思惟，你必須明智地培養這些善念。智慧從正見生起，因此正見與正思惟，被歸類爲聖道的智慧面。

第二組從第一組衍生而來。當以智慧觀察自己的生活時，你看見當以正面方式思考與行動時，是多麼平靜與快樂。智慧也幫助你了解所感受的苦，是由自己的貪欲與執著造成，以及當消除這些苦因時，苦也隨之終止，這個了解促使你改善外在行爲的各個面向。由於看見妄語、兩舌、惡口與綺語造成痛苦，所以你避免這類負面話語，並決定謙虛與中肯地說話。由於看見殺生、偷盜、飲酒與邪淫造成多大的身心痛苦，因此你避免這些負面行爲。反之，你欣賞眾生的生命，並嘗試不傷害他們；你尊重別人的財產；你避免酒精，且約束性行爲。由於你了解痛苦是由錯誤的生計所造成，因此尋找善的方式來讓生活支持你的修行。由正語、正業與正命構成的外在改變，被歸類爲聖道的持戒面。

第三組是基於你了解到，單靠外在改變無法終止身心苦難。你看見行爲始於思想，以及不善念本身造成的極大痛苦，因此嘗試訓練與調伏自己的心。當開始觀察心時，你看見自己的動機雖然良善，但有害的貪、瞋、癡與疑念，仍一再地在意識中生起。你進一步看見對抗這些心靈陷阱的唯一方法，是眞誠與勤勉地努力避免負面思想型態，當它們眞的生起時，斷除它們，以及培養、維持正面思想。此外，你看見正念是外在與內在正面改變不可或缺的，少了禪定要發展正念並不容易，因禪定能幫助你如實看見事物。正精進、正念與正定三者，被歸類爲聖道的禪定面。

因此，你周而復始地修習八聖道支，每經一個循環，貪、瞋、癡都被削弱，且你對苦、集、滅、道等諦的了解都更深刻。無論從哪裡展開聖道，道支皆環環相扣且相互支持。無論一開始你的正見程度如何，聖道的結果都相同——苦滅，以及最終、究竟的安穩與快樂。

覺悟

有些人揶揄覺悟的觀念。在討論佛法的網路聊天室裡，我曾看過人們使用貶抑的語詞，甚至憤怒與褻瀆的字，來描述覺悟，也許他們對覺悟是什麼有所誤解。覺悟其實就是熄滅由貪、瞋、癡引燃的熾烈之苦，它是一勞永逸地熄滅所有生、老、病、死、憂、悲、苦、惱之火。

揶揄覺悟者可能害怕當他們熄滅此火時，會落入失望的冰冷黑暗中，而無以維生。他們可能將這把痛苦的內在之火，與開啓文明之火或電力之火混淆了，當迷惑的痛苦之火熄滅時，剩下來的並非漆黑冬夜的寒風。那不是陰森而了無生氣的狀態，完全不是！當貪、瞋、癡、生、老、病、死、憂、悲、苦、惱之火熄滅時，結果是全然安穩、平和、寧靜，全然不可言傳的快樂，此時心與感官是同時百分之百清明、純淨與充滿能量。覺悟是內在輕鬆、光明與溫暖。

放下貪、瞋、癡等一切煩惱負擔後，身心俱感輕快，而不太適應感覺如此輕鬆。我們習慣有沉重的頭、心與身，展望有如此輕盈之心，令人感到有點緊張，因我們害怕這個輕會讓自己頭昏眼花。我們的沉重、痛苦是如此熟悉，因此害怕放下之後會不知所措。

像這樣的事就發生在我的一個朋友身上。他的工作使他必須遷移到另一個辦公室，所以他搬到靠近繁忙火車站的一間公寓。當他最初搬到新公寓時，好幾個晚上都睡不著覺，因火車與人潮的噪音熙來攘往。幾年之後他遷到另一個辦公室，且再次搬家，新公寓非常安靜。再次，他又有好幾個晚上都睡不著覺。他已變得非常習慣噪音與喧鬧，實際上他需要它來放鬆與入睡！就像我的朋友一樣，我們已習慣沉重與不舒服的內心習慣，因此害怕當它們消失時，我們會失去它們。

我們的情況也令我想起過去住在華盛頓特區時，曾讀過的一個人物。這傢伙因謀殺而被判終身監禁，因他在獄中表現良好，十年之後獲得假釋資格。有一天，一位報社記者去採訪他：「你一定很高興獲得假釋資格。」記者評論道。

「不，不！請別提假釋。」此人略顯激動地回答。他說對獄中的生活感覺舒適，他享受看電視的特權，且監獄生活也沒有外面生活的不安全感。但我自問，他真的已如此習慣監獄生活的暴力，無盡的限制，以及獄卒的專橫嗎？難道他忘了住在監獄牆外的喜悅、新鮮空氣的感覺、美麗的開闊空間、好食物，以及和其他自由人見面的自由嗎？難道他已如此執著裡面的情況，以致自由反倒顯得奇怪且無吸引力嗎？

揶揄覺悟的人就如監獄裡的那個人，他們執著既有的東西，不想離開對他們的不適具有安慰效果的熟悉感。但他們不知道自己正失去什麼。

覺悟不是你的欲求之物，它是你一切欲求終止時結束的狀態。如佛陀所說：

若到處有水，要井有何用？
渴愛根斷時，汝復何所求？
（Ud VII.9）（愛爾蘭〔Ireland〕英譯）

當知道自己正失去什麼東西時，持續尋找它。當你應有盡有時，再也不會尋找，因你已達到究竟安穩、和諧，你滿足於讓其他所有人都活在安穩與和諧中。

在《大念處經》的結尾，佛陀保證，若有人完全依照經文修習念處，則那人此生之內必可達到覺悟。若因某些微細結的阻礙而未能完全覺悟，則此人至少會成爲不來者，達到第三果。

（D 22）

佛陀的意思並非說覺悟只是修習局部正道者獲得，覺悟需要你徹底修習戒、定、慧的每一個面向。此外，在做這個頗爲令人驚訝的承諾時，佛陀的意思並非隨便偶爾修行，有時想到做一做就夠了。他的意思是，要達到覺悟，你的修行必須具有無間投入、精進與堅忍的特色。要想獲得禪定，你的精進必須有持戒清淨做支持，定必須是善與一心的，修習這個強力的定，必須輔以同樣強力的念。然後，在淨戒與正定的支持下，帶來解脫的智慧乃得生起。

有些人仍覺得佛陀的話是不切實際的承諾。我質疑他們挑戰它的基礎爲何，他們是否像討厭腳濕的人，卻懷疑有人能游得像奧運游泳選手一樣快？或像一步也不肯跑的人，卻懷疑有人能跑完二十六哩的馬拉松？當然佛陀的承諾，對從未坐上蒲團或嘗試觀呼吸一分鐘者來說，必然也顯得不切實際！而它對於已坐禪許多年，卻從未修習包含戒、定、慧在內的八聖道者而言，可能也只像是一個空虛的承諾。

禪修需要認眞持戒，你遵守禪戒並非爲了感動別人，而是爲了讓心遠離不善法所造成的痛苦。若你以玩票的心情修行佛道，那是行不通的。佛法中的八聖道不是你學過之後，在需要時才拿出來用的東西……不妨這樣想，你確實只在需要時使用八聖道，但你生命中的每個時刻都需要它們。

然而，你對八聖道的正念不必是完美的才能開始修行，若正念偏離了，別擔心，只要儘快覺知不正念即可。你開始履行正道的成功與否，取決於你隨時維持正念的強烈意圖，而非你眞能辦到。當你一直提醒自己保持正念時，偏離會愈來愈少，直到聖道的正念變成自動自發爲止。若你像那樣精進，將會快速進步，此時你將會是佛陀做出承諾時心繫的那種學生。

「來，看！」

本書只提供遵循正道的必要指導。當你的修行加深時，若一再回頭參考，會發現它無論在任何了解層面上都是有用的指導。但它並未解釋你需要知道的關於佛法、修行、自己的經驗，以及關於將達成的每一件事。不同的人有不同的背景、教育、直覺、對佛法的了解，以及心靈成長的程度。此外，明天會有的問題將和今天的大不相同。

即使佛陀也無法用一篇開示來涵蓋所有人的每個迫切需求，所以他才給了數千個佛法教誡。本書所呈現的是這些教誡的摘要，以及其中最重要觀點的一些解釋，其他的你將透過修行加以補足。當下，就是你的老師，把它轉化爲自己的個人實驗室。專注、抉擇，你便可靠自己的力量產生智慧，藉由追求善巧之事而辦到這點。

一位頗爲多疑的聽眾要求佛陀告訴他們，當已聽過其他許多聖者都宣稱擁有一切眞理時，他們爲何應相信他。佛陀回答，他們不應只是因某人在某處說某件事是眞實的就相信，諸如傳聞、文獻報告、傳承數代的傳統信仰、受人尊敬的聖典、備受尊敬與可靠老師的話，以及被你視之爲上師者的教導等等來源——都缺乏眞實的保證。佛陀說，不應基於信仰而被接受這些事。

佛陀接著說，眞理也無法透過推理被揭露。他說，你不應只因爲某事看似合理，或似乎讓人更靠近目標，或迎合你的愛好，或在沉思推理後看似眞實，就相信它。爲什麼？因爲包括沉思推理在內，「法」仍有一個面向是所有這些事無法掌握的——自己的經驗。

佛陀對我們應接受什麼給了一個總標準，這標準並非基於任何一種信仰或推理，他說當你考量一個行動時，要基於經驗而自問，這行動對包括自己在內的任何人是否有害。若是有害的，則它是不善巧的，因此不應做這行動。若是有益於包括你在內的所有人，且被智者所認可，則它是善巧的，因此應做這行動。（A I〔Threes〕VII.65）

佛陀之後詳細闡述，一旦做了某個行爲，你應重新檢視它，自問：「那行爲實際上進行得有多好？它眞的是善巧的嗎？」若不是，則你「以淚眼收成」，未來應避免這樣的行爲。若它是善巧的，則你「以笑顏收成」，應反覆做這樣的行爲。（Dh 67-68）若你密切注意，並誠實面對覺知爲眞實的事，無須相信任何人所說的任何事，你開始選擇增長清淨與智慧，並增進快樂的行動。只有你握有自己的解脫之鑰，這把鑰匙是你願意向內看，並決定什麼行動是善巧的，以及能帶來快樂的結果。

你想要見法嗎？觀察自己的經驗，以經驗爲鏡去觀照法，世上一切無我的型態都在那裡。在日復一日的生活與時時刻刻的存在中看那裡，你便看遍一切——因與果；在每個層面不斷變化流動所揭露的無常；凡有執著便有痛苦；以及無論如何努力嘗試追蹤，都找不到有自我存在其中。

你想認識經驗嗎？觀察「法」。在那裡你看見構成「你」的一切無我元素與型態，你也看見所經歷的，本質上和其他人所經歷的都相同。「法」是你在每個轉彎處臉上的一抹皺痕，舉例來說，甚至觀察蟲子在水盆裡掙扎，都能激發你對與眾生共同擁有死亡怖畏的實相內觀。整個「法」都呈現在生命的每個經驗、每個時刻、每一天當中，它就在那裡等著被看見，無須盲目信仰或理論推求。從這種嚴格的觀察中，你獲得修行的信心，並在佛陀之道上勇往直前。

除非你已非常熟悉聖道，並在自己的經驗中見法，否則從本書中獲得的知識仍是理論性的。若我向上指北極星，你可能盯著我感到納悶：「爲何他那樣指？他是否應指這裡？或也許應指那裡？」你如何對從未仰望夜空的人解釋一顆星？除非把頭傾斜到足以看見星星的程度，然後遵從指示檢視天空，直到設法找出北極星爲止，否則你心中始終會有疑惑，這個疑惑會衍生各種問題。但當你目睹北極星，並親自觀察以它爲中心的其他星體運行方式時，將不會再有這類疑惑。

同樣地，除非親眼看到目標，否則你對聖道、教法、自己的修行，以及爲何在書中這麼說，一直都會有許多問題。若涅槃爲非經驗的，語言怎麼可能解釋涅槃像什麼呢？經驗透過感官發生，無論我們用什麼標籤去描述非經驗的狀態都是誤導，因它們都是建立在感官經驗上的。我們只需一路遵循八聖道支到底，並親自見證即可。

你曾嘗試爲貓指點嗎？你愈點，貓就愈會想嗅你的手指，牠永遠看不出手指的範圍。若你結束本書並說：「就只有這些嗎？最高眞理在哪裡？我對此一無所獲。」則你就像那隻貓。請跳出本書的文字看到它指向之處。以佛陀所建議的行動，促使自己達到另一種了解方式。路得自己去走，當逐步增長身、口、意的善巧時，聖道即散布於你生命的一切經驗中。

當已善巧與徹底地遵循淨心的步驟時，你終將洞見諸行無常，執著無常法導致痛苦，以及受制於無常與苦的諸法皆無自性的眞諦，而明白貪欲如何導致一切痛苦的經驗。那一刻你親自見證，一切的問題都將消失。

若你不相信本書所說的較大目標，沒關係，它對你也許依然有用，只要利用本書，幫助你持續對自身經驗發問，嘗試從發生在身上的每件事學到一些東西。佛陀經常說：「來，看！」他的意思是：來！並向內觀察自己的身與心，以洞見眞諦——法。你無法在別處找到它。

〔進階閱讀建議〕

Being Nobody, Going Nowhere: Meditations on the Buddhist Path. Ayya Khema. Boston: Wisdom Publications, 1988. 由一位西方比丘尼對基本佛教觀念，作簡單明瞭的忠告與解釋。

Breath by Breath, The Liberating Practice of Insight Meditation. Larry Rosenberg. Boston: Shambhala Publications, 1988. 以《入出息念經》爲基礎，解釋如何透過覺知呼吸來修習安止與深入的內觀。

The Buddha's Ancient Path. Ven. Piyadassi Thera. Kandy: Buddhist Publication Society, 1974. 引用巴利藏經與其註釋，以故事與插圖來解釋佛陀的中心教法。

Buddhism for the New Millennium. London: World Buddhist Foundation, 2000. 由著名佛教學者們所作，是對於佛教過去發展與未來挑戰的論文集，包括一些現代學術成果調查。

Connected Discourses of the Buddha: A New Translation of the Samyutta Nikaya. Translated by Bhikkhu Bodhi. Boston: Wisdom Publications, 2000. 《相應部》英譯本。許多佛教核心觀念的藏經原始資料，有密集與詳細的註解。

The Dhammapada. Translated by Thanissaro Bhikkhu. Barre: Dhamma Dena

Publications, 1998. 《法句經》英譯本。提供佛法精髓的佛陀經典偈頌，由一位通曉詩文的西方比丘所翻譯。

The Experience of Insight: A Simple and Direct Guide to Buddhist Meditation. Joseph Goldstein. Boston: Shambhala Publications, 1983. 由一位重要的西方老師所作之清楚易懂的禪修指導。

The First Discourse of the Buddha. Dr. Rewata Dhamma. Boston: Wisdom Publications, 1997. 針對四聖諦所作的解釋。

Great Disciples of the Buddha: Their Lives, Their Work, Their Legacy. Nyanaponika Thera, Hellmuth Hecker, and Bhikkhu Bodhi. Boston: Wisdom Publications, 1997. 二十四位佛陀最初弟子的傳記，援引自巴利藏經。（中譯本見《佛陀的聖弟子傳》，賴隆彥譯，台北：橡樹林文化出版，2005。）

The Jhanas in Theravada Buddhist Meditation. Henepola Gunaratana. Kandy, Sri Lanka: Buddhist Publication Society, 1998. 解釋禪那的各個階段。（Wheel Publications, 351-53）

Journey to the Center: A Meditation Workbook. Matthew Flickstein. Boston: Wisdom Publications, 1998. 一本方便的手冊，有實用的練習、禪修導引與填寫日記的空間。

Landscapes of Wonder: Discovering Buddhist Dhamma in the World Around Us. Bhikkhu Nyanasobhano. Boston: Wisdom Publications, 1998. 由一位美國比丘所作之美麗與發人深省的散文集，帶領我們從平凡、平常、平淡的日常事物中看見令人驚豔的實相。（中譯本見《禪是心靈的妙境》，賴隆彥譯，台北：商周出版，2002。）

Long Discourses of the Buddha: A Translation of the Digha Nikaya. Translated by Maurice Walshe. Boston: Wisdom Publications, 1996.《長部》英譯本。

Lovingkindness: The Revolutionary Art of Happiness. Sharon Salzberg. Boston: Shambhala Publications, 1995. 一位重要的西方老師說明慈的修行心要。

Living in the Light of Death: On the Art of Being Truly Alive. Larry Rosenberg. Boston: Shambhala Publications, 2000. 使用一篇名爲〈時常回想的五個主題〉的經文，說明衰老與死亡如何可能成爲解脫的方法。

Middle Length Discourses of the Buddha: A New Translation of the Majjhima Nikaya. Translated by Bhikkhu Ñanamoli and Bhikkhu Bodhi. Boston: Wisdom Publications, 1995.《中部》英譯本，最豐富與最廣泛的佛陀教法合集。

Mindfulness in Plain English. Bhante Henepola Gunaratana. Boston: Wisdom Publications, 1993. 已介紹數千人認識正念解脫法的暢銷入門書。（中譯本見《觀呼吸》，賴隆彥譯，台北：橡樹林文化出版，2003。）

The Path of Serenity and Insight. Ven. Henepola Gunaratana. Delhi: Motilal Banarsidass, 1985. 以上座部佛教的經典與註釋文獻爲基礎，徹底分析禪定。

Swallowing the River Ganges: A Practice Guide to the Path of Purification. Matthew Flickstein. Boston: Wisdom Publications, 2001. 對第四世紀上座部禪修與佛教修行手冊《清淨道論》作註釋。

Voices of Insight. Edited by Sharon Salzberg. Boston: Shambhala Publications,

1999. 一系列西方重要內觀禪師的教導，包括德寶法師在內。

What the Buddha Taught. Ven. Walpola Rahula. New York: Grove Press Books, 1974. 一本廣泛但淺顯易讀的佛陀基本教法介紹書，提供一切佛教徒重要的基本手冊。（中譯本見《佛陀的啓示》，顧法嚴譯，台北：慧炬出版社，1983。）

When the Iron Eagle Flies: Buddhism for the West. Ayya Khema. Boston: Wisdom Publications, 2000. 清晰且幽默地闡明緣起法的實際內涵。

The Wings to Awakening. Ven. Thanissaro Bhikkhu. Barre, MA: Dhamma Dana Publications, 1996. 解釋如何發展趨入菩提的技巧，以七組核心教法為基本架構；包含大量譯自巴利藏經的段落。

The Word of the Doctrine (Dhammapada). Translated by K.R. Norman. Oxford: Pali Text Society, 1997.《法句經》英譯本，含導論與註釋。

國家圖書館出版品預行編目資料

快樂來自八正道／德寶法師（Bhante Henepola Gunaratana）著；賴隆彥譯，——台北市：橡實文化出版；大雁文化發行，2007〔民96〕
面；　公分
譯自：Eight mindful steps to happiness：Walking the Buddha'S path
ISBN 978-986-82612-6-6（平裝）

1. 佛教 - 修持

225.7　　95023717

觀自在系列　BA1002

快樂來自八正道

Eight Mindful Steps To Happiness

作　　者　德寶法師 Bhante Henepola Gunaratana
譯　　者　賴隆彥
特約編輯　釋見澈、陳靜惠
封面設計　徐璽
版型設計　王亞棻

發 行 人　蘇拾平
總 編 輯　于芝峰
副總編輯　田哲榮
業務發行　王綬晨、邱紹溢
行銷企劃　陳詩婷
出　　版　橡實文化 ACORN Publishing
大雁文化事業股份有限公司
臺北市 10544 松山區復興北路 333 號 11 樓之 4
電話：(02)2718-2001　傳眞：(02)2718-1258
網址：www.acornbooks.com.tw
E-mail 信箱：acorn@andbooks.com.tw

發　　行　大雁文化事業股份有限公司
臺北市 10544 松山區復興北路 333 號 11 樓之 4
電話：02-2718-2001 傳眞：02-2718-1258
讀者傳眞服務：02-2718-1258
讀者服務信箱：andbooks@andbooks.com.tw
劃撥帳號：19983379；戶名：大雁文化事業股份有限公司

初版一刷　2007 年 4 月
初版13刷　2020 年 11月
ISBN　978-986-82612-6-6
定價 320 元